WeightWatchers®

After Work
Küche

Die besten Rezepte
für den Feierabend

Ob fruchtig belegtes Brötchen, saftiger Burger oder raffiniertes Sandwich – hier finden Sie spannende Rezepte rund ums Brot.

Für einen kohlenhydratarmen Abend empfiehlt sich Lamm mit Linsengemüse oder Putenröllchen mit Rucolasalat.

Sie mögen abends gerne eine leckere Mahlzeit, die einfach und unkompliziert zubereitet ist? Dann probieren Sie doch mal schnelle und geschmackvolle Rezepte wie Hähnchen mit Erdnusssauce oder Garnelenpfanne mit Reis.

128 Sofa-Snacks

Abends auf dem Sofa snacken muss keine Sünde sein. Mit den raffinierten Snackideen sind Sie bestens auf einen gemütlichen Fernsehabend vorbereitet. Ob mit Kartoffel-Tomaten-Crostini oder pikanten Gurkenhappen – so können Sie ohne Reue genießen.

Zutatenlisten aller Rezepte als Einkaufszettel direkt auf Ihr Handy!

So geht's: QR-Code-Reader im Handy aufrufen und QR-Code scannen. Ein Link führt Sie zur Kapitelübersicht und später zu der Zutatenliste. Handy mit in den Supermarkt nehmen und Einkaufszettel jederzeit aufrufen.

Voraussetzung: internetfähiges Handy mit Kamerafunktion und installierter QR-Code-Reader-App. Durch die Nutzung des Internets können, abhängig von Ihrem Mobilfunkvertrag, Kosten entstehen.

Rezeptinfos:

ProPoints® Wert und zusätzlich kJ / kcal pro Person / Stück

Fertig in: entspricht dem kompletten Zeitaufwand inkl. Back-, Gar-, Marinierzeit etc.

Davon aktiv: entspricht dem Zeitaufwand der Vorbereitung wie Schneiden, Rühren etc.

Schnell   Einfrieren   Vegetarisch

Die richtige Ernährung ist der erste Schritt!

Schön, dass Sie sich für eins unserer Kochbücher entschieden haben und damit für eine gesunde und ausgewogene Ernährung. Denn dafür steht Weight Watchers immerhin schon seit mehr als 40 Jahren in Deutschland.

Weight Watchers ist weit mehr als eine Diät. Es ist ein ganzheitliches, flexibles Ernährungsprogramm. Neben einer Ernährungsumstellung sind auch Bewegung und persönliche Unterstützung wichtige Bestandteile unseres Konzeptes.

Wir bieten Coachings in wöchentlichen Treffen an, wo jeder Interessierte kennenlernen kann, wie abwechslungsreiche Ernährung und Bewegung dazu beitragen können, lange gesund und leistungsfähig zu bleiben – und dabei auch erfolgreich sein Wunschgewicht zu erreichen. Wenn Sie mehr der Online-Typ sind, ist Weight Watchers Online vielleicht etwas für Sie – hier gibt es Zugriff auf die besten interaktiven Tools für eine erfolgreiche Abnahme. Die App für unterwegs gibt es automatisch dazu.

Denjenigen, die es noch individueller gestalten möchten, bieten wir auch persönliche Coachings an.

Unser Ziel ist es, ganz einfach Menschen für einen aktiven und ausgewogenen Lebensstil zu begeistern – dazu gehört auch ein gesundes Körpergewicht. Das Weight Watchers Programm basiert auf aktuellen wissenschaftlichen Erkenntnissen und langer Erfahrung. Es bietet ein Höchstmaß an Flexibilität und Alltagstauglichkeit.

Die Weight Watchers Kochbücher sind die perfekte Ergänzung auf dem eigenen Weg zum Wunschgewicht. Mit unkomplizierten Rezepten wird Kochen einfach zum Vergnügen! Die leckeren Gerichte sind problemlos nachzukochen und gelingen immer. Und das mit frischen Zutaten, die Sie in jedem gut sortierten Supermarkt erhalten. Dabei müssen Sie auf nichts verzichten und können gleichzeitig Familie und Freunde mit abwechslungsreichen Weight Watchers Gerichten verwöhnen. Unsere Fertiggerichte und Snacks runden unser Angebot ab und sind eine gesunde und schnelle Alternative im stressigen Alltag.

Wie das Weight Watchers Programm funktioniert, schildert Ihnen Kristin auf Seite 158 – 159.

Wir wünschen Ihnen gutes Gelingen und guten Appetit!

Ihr Weight Watchers Team

Die Weight Watchers Services auf einen Blick

Weight Watchers Treffen

Wöchentlich finden über 3.000 Treffen deutschlandweit statt. Davon über 800 an festen Standorten. Alles für die perfekte Atmosphäre. Damit Sie voller Motivation in Richtung Wunschgewicht durchstarten können. Sie haben Fragen? Dann rufen Sie uns unter 01802-60 40 40 gerne an.

(nur 6 Cent/Anruf aus dem dt. Festnetz, Mobilfunk höchstens 42 Cent/Minute.)

Weight Watchers Online

Lernen Sie den *ProPoints*® Plan Schritt für Schritt kennen mit unseren schnellen und einfachen Anleitungen. Nutzen Sie die Online-Tools wie Computer, iPhone, iPad oder Android-Geräte, um Lebensmittel und Aktivitäten zu berechnen, Ihren Gewichtsverlauf zu dokumentieren, passende Rezepte oder Workout-Videos zu finden und vieles mehr.

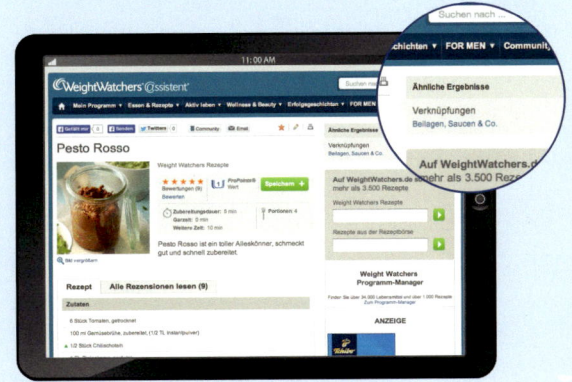

www.weightwatchers.de

Brot & Sandwiches

Ein geschmackvoll belegtes Brötchen, ein raffinierter Bagel oder ein leckeres Röstbrot – schnell gemacht und unglaublich lecker, machen diese Rezepte Ihre Brotzeit zu einer Genusszeit.

Italienischer Burger mit Rucola

Fertig in: 25 Minuten
Davon aktiv: 20 Minuten

Für 1 Person:
1 getrocknete Tomate ohne Öl
2 EL Gemüsebrühe
(1 Prise Instantpulver)
60 g Tatar
1 EL Magerquark
1 TL Tomatenmark
1 TL italienische Kräuter
Salz
Pfeffer
1 TL Pflanzenöl
einige Blätter Rucola
1 Tomate
1/2 Kugel Mozzarella light
1 Ciabattabrötchen
2 TL grünes Pesto

1. Getrocknete Tomate in Brühe ca. 5 Minuten einweichen, abtropfen lassen und würfeln. Tatar mit Quark, Tomatenmark, Tomatenwürfeln und Kräutern verkneten, mit Salz und Pfeffer würzen und zu einem Burger formen. Öl in einer Pfanne erhitzen und den Burger darin ca. 4–6 Minuten von beiden Seiten braten.

2. Rucola waschen und trocken schleudern. Tomate waschen, Mozzarella abtropfen lassen und beides in Scheiben schneiden.

3. Brötchen halbieren, beide Hälften mit Pesto bestreichen und mit Rucola, Tomaten und Mozzarellascheiben belegen. Burger daraufgeben, zusammenklappen und mit restlichen Tomatenscheiben servieren.

pro Person
2018 kJ
483 kcal

Wraps mit Putenstreifen

Fertig in: 30 Minuten
Davon aktiv: 20 Minuten

Für 2 Personen:
100 g Radieschen
4 Blätter Römersalat
2 Schalotten
200 g Putenschnitzel
1 TL Pflanzenöl
Salz
Pfeffer
2 EL Worcestersauce
3 EL Wasser
50 g Frischkäse, bis 5 % Fett absolut
4 Tortillafladen

pro Person
10
ProPoints Wert

1738 kJ
416 kcal

1. Radieschen waschen, halbieren und in Scheiben schneiden. Salatblätter waschen, trocken schleudern und in feine Streifen schneiden.

2. Schalotten schälen und würfeln. Schnitzel abspülen, trocken tupfen und in Streifen schneiden. Öl in einer Pfanne erhitzen und Putenstreifen mit Schalottenwürfeln darin ca. 3–4 Minuten rundherum anbraten. Mit Salz, Pfeffer und Worcestersauce würzen und herausnehmen. Bratensatz mit Wasser ablöschen, etwas abkühlen lassen und mit Frischkäse verrühren.

3. Tortillafladen nach Packungsanweisung erwärmen. Tortillas mit Frischkäsecreme bestreichen. Puten-, Salatstreifen und Radieschenscheiben darauf verteilen, aufrollen, diagonal halbieren und servieren.

Caesar's Pita

Fertig in: 20 Minuten
Davon aktiv: 15 Minuten

Für 1 Person:
120 g Hähnchenbrustfilet
1 TL Aprikosenkonfitüre
1 EL Sojasauce
1 TL Pflanzenöl
einige Blätter Romanasalat
1 rote Paprika
1/2 TL Dijonsenf
1 TL Salatcreme, bis 20 % Fett
2 EL fettarmer Joghurt
1 EL geriebener Parmesan
1 Pitatasche

pro Person
10 ProPoints Wert | 2028 kJ
485 kcal

1. Hähnchenbrustfilet abspülen, trocken tupfen und in Würfel schneiden. Konfitüre und Sojasauce verrühren und Hähnchenbrustwürfel damit vermischen. Öl in einer Pfanne erhitzen und Hähnchenbrustwürfel darin ca. 4 Minuten rundherum braten, herausnehmen und zur Seite stellen.

2. Salatblätter waschen, trocken schleudern und in Streifen schneiden. Paprika waschen, entkernen und würfeln. Für die Creme Dijonsenf mit Salatcreme, Joghurt und Parmesan verrühren. Pitatasche mit Creme ausstreichen, mit Salatstreifen, Paprikawürfeln und Hähnchenbrustwürfeln füllen. Restliche Füllung zur Caesar's Pita servieren.

Puten-Mango-Sandwich

Fertig in: 15 Minuten
Davon aktiv: 15 Minuten

Für 4 Personen:

4 Vollkornbrötchen
200 g Frischkäse, bis 1 % Fett absolut
2 TL Senf
2 TL gehackte Petersilie
Salz
Pfeffer
12 Scheiben Putenbrustaufschnitt
1 Mango
4 TL Rote-Bete-Sprossen

1. Brötchen halbieren. Frischkäse mit Senf und Petersilie zu einer Creme verrühren. Mit Salz und Pfeffer würzen und Brötchenhälften damit bestreichen. Putenbrustaufschnitt darauf verteilen.

2. Mango schälen, das Fruchtfleisch vom Stein und in Spalten schneiden. Sprossen waschen und abtropfen lassen. Brötchen mit Mangospalten und Sprossen belegen und zusammengeklappt servieren.

pro Person
1278 kJ
306 kcal

Dazu passen ...

... Kohlrabi- oder Karottensticks. Der *ProPoints*® Wert pro Person ändert sich nicht.

Wer es noch leichter haben möchte, ...

... nimmt 8 Scheiben **Weight Watchers** Putenbrustfilet. Der *ProPoints*® Wert pro Person reduziert sich auf 5.

Bagel mit Karottenfrischkäse

Fertig in: 20 Minuten
Davon aktiv: 20 Minuten

Für 4 Personen:
1 säuerlicher Apfel (z. B. Granny Smith)
1 Karotte
150 g Frischkäse, bis 1 % Fett absolut
1 TL gehackte Sonnenblumenkerne
2 EL Schnittlauchringe
Salz
Pfeffer
1 TL Zitronensaft
4 Sesambagels
12 Scheiben Geflügelbrustaufschnitt

pro Person
9 ProPoints Wert | 1533 kJ
367 kcal

1. Apfel waschen, vierteln und entkernen. Karotte schälen und mit Apfelvierteln raspeln. Raspel mit Frischkäse, Sonnenblumenkernen und 1 Esslöffel Schnittlauchringen vermischen und mit Salz, Pfeffer und Zitronensaft abschmecken.

2. Bagels halbieren und die unteren Hälften mit Frischkäsemasse bestreichen. Bagelhälften mit Geflügelbrustaufschnitt belegen, mit restlichen Schnittlauchringen bestreuen und zusammengeklappt servieren.

Steaksandwich mit Artischockencreme

Fertig in: 20 Minuten
Davon aktiv: 15 Minuten

Für 2 Personen:
3 Artischockenherzen (Konserve)
2 EL Cremefine wie Crème fraîche
Salz
Steakpfeffer (ersatzweise Pfeffer)
1 große Tomate
150 g Rumpsteak
4 Scheiben Vollkorn-Sandwichtoast
1 TL dunkle Balsamicocreme

pro Person
9 ProPoints Wert | 1549 kJ
371 kcal

1. Ein Artischockenherz pürieren und mit Cremefine verrühren. Mit Salz und Pfeffer würzen. Tomate waschen und mit restlichen Artischocken in Scheiben schneiden.

2. Steak trocken tupfen und fettfrei in einer Grillpfanne ca. 2–3 Minuten von jeder Seite braten und herausnehmen. In Alufolie wickeln und ca. 3–4 Minuten ruhen lassen.

3. Toastscheiben goldbraun rösten und mit Artischockencreme bestreichen. Steak in Scheiben schneiden und 2 Toastscheiben damit belegen. Tomaten- und Artischockenscheiben darauf verteilen. Mit Balsamicocreme beträufeln, mit restlichen Toastscheiben belegen, nach Wunsch halbieren und servieren.

Kasselersemmel mit Gurkensalat

Fertig in: 10 Minuten
Davon aktiv: 10 Minuten

Für 2 Personen:
1 Salatgurke
1 kleine Zwiebel
4 EL saure Sahne
1 TL gehackter Dill
1 TL Zitronensaft
Salz
Pfeffer
2 Brötchen
1 EL süßer Senf
(ersatzweise mittelscharfer Senf)
4 EL Krautsalat, ohne Sahne
8 Scheiben Kasseleraufschnitt

1. Gurke waschen und in Scheiben schneiden. Zwiebel schälen und würfeln. Gurkenscheiben und Zwiebelwürfel vermischen. Saure Sahne mit Dill und Zitronensaft verrühren. Dressing salzen, pfeffern und unter den Gurkensalat heben.

2. Brötchen halbieren und mit Senf bestreichen. Untere Brötchenhälften mit Krautsalat belegen, Kasseler darauf anrichten und mit oberen Brötchenhälften abdecken. Kasselersemmel mit Gurkensalat servieren.

pro Person
1598 kJ
382 kcal

Tramezzini mit Krabben

Fertig in: 15 Minuten
Davon aktiv: 15 Minuten

Für 2 Personen:
100 g Nordseekrabben
50 g Magermilchjoghurt
1 EL Mayonnaise, bis 20 % Fett
1 TL Ketchup
Worcestersauce
Salz
Pfeffer
100 g Salatgurke
2 Stiele Basilikum
4 Scheiben Sandwichtoast

1. Krabben abspülen und trocken tupfen. Joghurt, Mayonnaise und Ketchup verrühren. Mit Worcestersauce, Salz und Pfeffer würzen. Krabben mit Creme vermengen.

2. Gurke schälen und in dünne Scheiben schneiden bzw. hobeln. Basilikum waschen, trocken schütteln und Blätter abzupfen. Toastscheiben entrinden.

3. 2 Scheiben Toast mit Gurkenscheiben und Basilikumblättern belegen. Krabbencreme darauf verteilen. Mit restlichen Toastscheiben belegen, fest zusammendrücken, diagonal halbieren und Tramezzini servieren.

pro Person
 1234 kJ
295 kcal

Für Tramezzini ...

... mit Tunfischcreme verwenden Sie statt der Krabben 1 abgetropfte Dose Tunfisch im eigenen Saft. Der *ProPoints*® Wert pro Person erhöht sich auf 9.

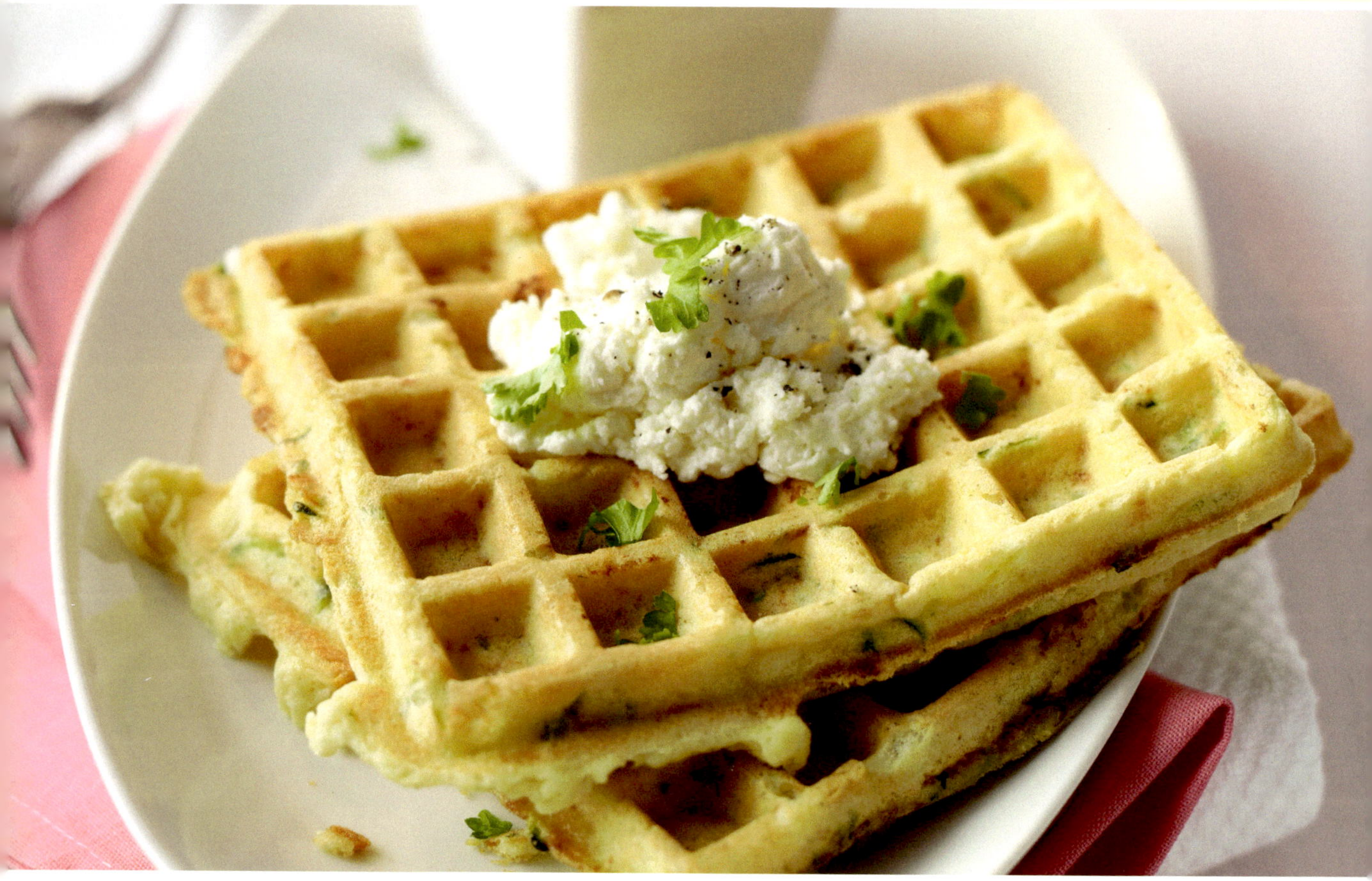

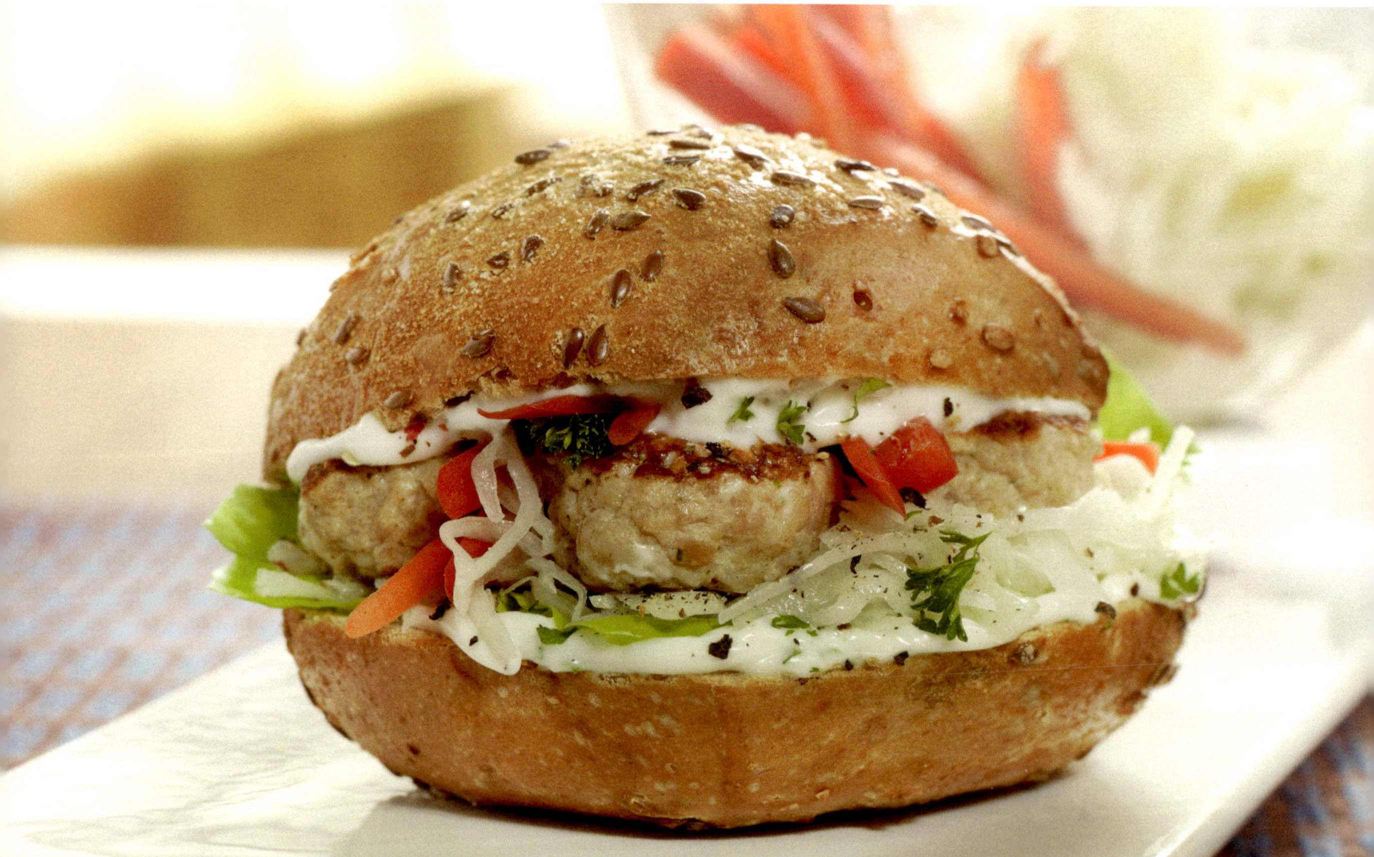

Zucchiniwaffeln mit Schafskäsecreme

Fertig in: 25 Minuten
Davon aktiv: 15 Minuten

Für 2 Personen:
1 Zucchini
90 g Mehl
1/2 Päckchen Backpulver
40 g Halbfettmargarine
1 Ei
3 EL kohlensäurehaltiges
Mineralwasser
Salz
Pfeffer
3 TL gehackte Kräuter der Provence
40 g Schafskäse light
100 g Frischkäse, bis 1 % Fett absolut

pro Person
9 ProPoints Wert · 1547 kJ
370 kcal

1. Zucchini waschen und raspeln. Mehl mit Backpulver, 35 g Margarine, Ei und Mineralwasser zu einem glatten Teig verrühren. Zucchiniraspel unterheben. Mit Salz, Pfeffer und Kräutern der Provence würzen. Waffeleisen mit restlicher Margarine fetten und darin 4 Waffeln abbacken.

2. Schafskäse mit einer Gabel zerdrücken, mit Frischkäse verrühren und pfeffern. Waffeln mit Schafskäsecreme bestreichen und servieren.

Frikadellenbrötchen mit Krautsalat

Fertig in: 10 Minuten
Davon aktiv: 10 Minuten

Für 1 Person:
1 EL Salatcreme, bis 20 % Fett
1 Msp. Tafelmeerrettich
1/2 TL gehackte Petersilie
1 Vollkornbrötchen
2 Blätter Kopfsalat
1 rote Paprika
180 g Krautsalat, ohne Sahne
4 Weight Watchers Mini Frikadellen
(60 g)

pro Person
10 ProPoints Wert · 1897 kJ
454 kcal

1. Salatcreme mit Meerrettich und Petersilie verrühren. Brötchen halbieren und Hälften damit bestreichen. Salatblätter und Paprika waschen. Salatblätter trocken schleudern. Paprika entkernen und in Streifen schneiden.

2. Untere Brötchenhälfte mit Salatblättern, 1 Esslöffel Krautsalat, einigen Paprikastreifen und Frikadellen belegen. Mit oberer Brötchenhälfte abdecken und Frikadellenbrötchen mit restlichem Krautsalat und Paprikastreifen servieren.

Orientalisches Fladenbrot

Fertig in: 25 Minuten
Davon aktiv: 20 Minuten

Für 2 Personen:

1 Knoblauchzehe
1 kleine Aubergine
je 1/2 TL getrockneter Rosmarin und Thymian
Meersalz, grob
gemahlener Pfeffer
1 Tomate
1 Bund glatte Petersilie
2 EL gehackte Minze
1 kleine Schalotte
1 EL Zitronensaft
2 Ecken Fladenbrot (à 100 g)
4 EL saure Sahne

pro Person
7 ProPoints Wert   1293 kJ
309 kcal

1. Backofen auf 220° C (Gas: Stufe 4, Umluft: 200° C) vorheizen. Knoblauch in Scheiben schneiden. Aubergine waschen und in ca. 7–8 mm dicke Scheiben schneiden. Auf ein mit Backpapier ausgelegtes Backblech legen, mit Knoblauchscheiben, Rosmarin und Thymian bestreuen, salzen und pfeffern. Im Backofen auf mittlerer Schiene ca. 20 Minuten garen.

2. Für den Petersiliensalat Tomate waschen, vierteln, entkernen und in kleine Würfel schneiden. Petersilie waschen und trocken schütteln. Schalotte schälen. Schalotte fein, Petersilie grob hacken und mit Tomatenwürfeln und Minze mischen. Mit Zitronensaft verfeinern und mit Salz und Pfeffer würzen.

3. Fladenbrot toasten, einschneiden und mit saurer Sahne ausstreichen. Mit Auberginenscheiben und Petersiliensalat füllen und orientalisches Fladenbrot servieren.

Asiasandwiches mit Shiitake

Fertig in: 20 Minuten
Davon aktiv: 15 Minuten

Für 2 Personen:

250 g Zuckererbsenschoten
1 Bund Frühlingszwiebeln
100 g Shiitakepilze
(ersatzweise Champignons)
2 TL Sesamöl (ersatzweise Pflanzenöl)
2 EL Sojasauce
Salz
Pfeffer
1 Prise Chilipulver
100 g Salatcreme, bis 20 % Fett
1/2 TL Currypulver
6 Blätter Lollo rosso
6 Scheiben Toast

pro Person
10 ProPoints Wert   1900 kJ
455 kcal

1. Zuckererbsenschoten und Frühlingszwiebeln waschen. Zuckererbsenschoten halbieren und Frühlingszwiebeln in Ringe schneiden. Shiitake trocken abreiben und in Stücke schneiden. Öl in einer Pfanne erhitzen und Zuckererbsenschotenhälften darin ca. 2–3 Minuten anbraten. Shiitakestücke und Frühlingszwiebelringe zufügen und weitere ca. 5 Minuten braten. Mit Sojasauce ablöschen und mit Salz, Pfeffer und Chilipulver würzen.

2. Salatcreme mit Currypulver verrühren und mit Salz und Pfeffer abschmecken. Salatblätter waschen und trocken schleudern. Toast mit Currycreme bestreichen und mit Salatblättern belegen. Gemüse auf 3 Toastscheiben verteilen und mit restlichen Scheiben abdecken. Asiasandwiches diagonal halbieren, mit kleinen Spießen fixieren und servieren.

Schmeckt auch ...

... mit 150 g gebratenen Hähnchenbruststreifen (Kühltheke). Der *ProPoints*® Wert pro Person erhöht sich auf 10.

Röstbrot mit Kräuterlachs

Fertig in: 25 Minuten
Davon aktiv: 15 Minuten

Für 1 Person:
1 Salatherz
1/4 Salatgurke
2 Tomaten
1 EL Weißweinessig
2 TL Senf
1 Prise Zucker
2 EL gemischte gehackte Kräuter
Salz
Pfeffer
2 Scheiben Baquette
1/2 TL Honig
1/2 TL gehackter Dill
125 g Lachsfilet
1/2 TL Zitronensaft
1 TL Pflanzenöl

pro Person 2166 kJ
518 kcal

1. Salat, Gurke und Tomaten waschen. Salat trocken schleudern und in mundgerechte Stücke zerteilen. Gurke und Tomaten in Scheiben schneiden. Salat, Gurken- und Tomatenscheiben mischen. Für das Dressing Essig, 1 Teelöffel Senf, Zucker und 1 Esslöffel Kräuter verrühren. Mit Salz und Pfeffer abschmecken und über den Salat geben.

2. Baguettescheiben fettfrei in einer Pfanne rösten. Restlichen Senf mit Honig und Dill verrühren und Baguettescheiben damit bestreichen.

3. Lachsfilet abspülen und trocken tupfen. Lachsfilet in 2 Stücke schneiden, mit Salz und Pfeffer würzen und mit Zitronensaft beträufeln. Öl in einer Pfanne erhitzen, Lachsstücke darin ca. 2 Minuten von jeder Seite braten und anschließend in restlichen Kräutern wenden. Kräuterlachs auf Röstbrot anrichten, nach Wunsch mit Zitronenscheiben garnieren und mit Salat servieren.

Pumpernickel mit Tomatencreme

Fertig in: 10 Minuten
Davon aktiv: 10 Minuten

Für 1 Person:
60 g Tofu
1 getrocknete Tomate ohne Öl
2 EL Gemüsebrühe
(1 Prise Instantpulver)
1 TL Tomatenmark
1/2 TL gehackter Oregano
Salz
Pfeffer
1 Prise Paprikapulver
1 Scheibe Pumpernickel
1 TL Schnittlauchringe

pro Person
792 kJ
190 kcal

1. Tofu und getrocknete Tomate in Würfel schneiden. Tofuwürfel mit Brühe pürieren. Tomatenmark, Tomatenwürfel und Oregano unterrühren und Creme mit Salz, Pfeffer und Paprikapulver würzen.

2. Pumpernickel mit Tomatencreme bestreichen, halbieren und mit Schnittlauchringen bestreut servieren.

Toast Caprese aus dem Ofen

Fertig in: 20 Minuten
Davon aktiv: 10 Minuten

Für 4 Personen:
8 Scheiben Vollkorntoast
200 g Frischkäse, bis 1 % Fett absolut
1 TL Tomatenmark
Salz
Pfeffer
4 Tomaten
1 Kugel Mozzarella light
4 TL gehacktes Basilikum
2 EL dunkler Balsamicoessig
1 EL Olivenöl
1 Prise Zucker

pro Person
1084 kJ
259 kcal

1. Backofen auf 160° C (Gas: Stufe 1, Umluft: 140° C) vorheizen. Toast rösten. Frischkäse mit Tomatenmark verrühren und mit Salz und Pfeffer würzen. Tomaten waschen und mit Mozzarella in Scheiben schneiden.

2. Toast mit Frischkäsecreme bestreichen und mit Tomaten- und Mozzarellascheiben belegen. Mit Basilikum bestreuen und auf ein mit Backpapier ausgelegtes Backblech legen. Toast Caprese im Backofen auf mittlerer Schiene ca. 10 Minuten überbacken.

3. Für das Dressing Essig mit Öl verrühren und mit Salz, Pfeffer und Zucker würzen. Toastscheiben mit Dressing beträufeln und Toast Caprese servieren.

Estragon-Pilz-Rührei auf Toast

Fertig in: 25 Minuten
Davon aktiv: 15 Minuten

Für 2 Personen:
150 g braune Champignons
2 Frühlingszwiebeln
1 TL Pflanzenöl
Salz
2 Stiele Estragon
2 Eier
50 ml fettarme Milch
Pfeffer
2 Blätter Salat (z. B. Kopfsalat)
2 Scheiben Vollkorntoast

 pro Person
857 kJ
205 kcal

1. Champignons trocken abreiben und in Scheiben schneiden. Frühlingszwiebeln waschen und in feine Ringe schneiden. Öl in einer Pfanne erhitzen und Pilze darin ca. 3 Minuten anbraten. Frühlingszwiebelringe zufügen, ca. 1–2 Minuten mitbraten und mit Salz würzen.

2. Estragon waschen, trocken schütteln und hacken. Eier und Milch verquirlen, Estragon zufügen und mit Salz und Pfeffer würzen.

3. Eimasse über die Pilze gießen und bei schwacher Hitze unter Rühren stocken lassen. Salatblätter waschen und trocken tupfen. Toast rösten und mit je einem Salatblatt belegen. Estragon-Pilz-Rührei darauf anrichten und servieren.

Wenn Sie sich etwas Besonderes gönnen wollen, ...

... dann verwenden Sie statt der Champignons 150 g in Scheiben geschnittene Steinpilze oder Pfifferlinge. Der *ProPoints* ® Wert pro Person ändert sich nicht.

Bruschetta mit Bohnenmus

Fertig in: 15 Minuten
Davon aktiv: 15 Minuten

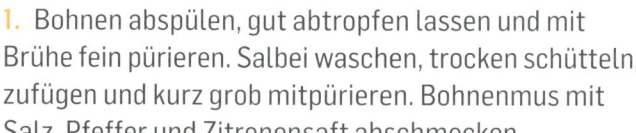

Für 2 Personen:
1 Dose weiße Bohnen
(255 g Abtropfgewicht)
50 ml Gemüsebrühe
(2 Prisen Instantpulver)
6 Blätter Salbei
Salz
Pfeffer
einige Spritzer Zitronensaft
2 Tomaten
2 Scheiben Bauernbrot
1 Knoblauchzehe
1 TL Olivenöl

1. Bohnen abspülen, gut abtropfen lassen und mit Brühe fein pürieren. Salbei waschen, trocken schütteln, zufügen und kurz grob mitpürieren. Bohnenmus mit Salz, Pfeffer und Zitronensaft abschmecken.

2. Tomaten waschen und in Scheiben schneiden. Brotscheiben kurz rösten. Knoblauch halbieren und Brotscheiben damit einreiben. Mit Olivenöl beträufeln, Tomatenscheiben darauflegen und leicht salzen. Bohnenmus darauf verteilen und Bruschetta servieren.

pro Person
836 kJ
200 kcal

Brötchen mit Forellencreme

Fertig in: 15 Minuten
Davon aktiv: 15 Minuten

Für 1 Person:
1 geräuchertes Forellenfilet (ca. 60 g)
125 g fettarmer Joghurt
1 TL gehackte Petersilie
1 TL Zitronensaft
Salz
Pfeffer
1 Sonnenblumenbrötchen
1 säuerlicher Apfel (z. B. Elstar)
1/4 Beet Kresse

pro Person
8 ProPoints Wert | 1555 kJ
372 kcal

1. Forellenfilet in kleine Würfel schneiden. Mit Joghurt, Petersilie und Zitronensaft verrühren und mit Salz und Pfeffer abschmecken.

2. Brötchen aufschneiden und mit Forellencreme bestreichen. Apfel waschen, vierteln, entkernen und in Spalten schneiden. Kresse vom Beet schneiden. Brötchen mit einigen Apfelspalten und Kresse garnieren und mit restlichen Apfelspalten servieren.

Zu dem Brötchen passt auch ...

... ein Karottensalat. Dafür 3 geraspelte Karotten mit den restlichen geraspelten Apfelspalten mischen. Für das Dressing 1 TL Pflanzenöl, 1 EL Weißweinessig, 1/2 TL gehackte Petersilie, Salz, Pfeffer und 1 Prise Zucker verrühren und über den Salat geben. Der *ProPoints*® Wert pro Person erhöht sich auf 9.

Ciabatta mit Schinken und Tomate

Fertig in: 5 Minuten
Davon aktiv: 5 Minuten

Für 1 Person:
einige Blätter Rucola
1 Tomate
1 Ciabattabrötchen
2 TL Halbfettmargarine
Pfeffer
2 Scheiben Parmaschinken

 1274 kJ
305 kcal

1. Rucola und Tomate waschen. Rucola trocken schleudern und Tomate in Scheiben schneiden. Ciabattabrötchen aufschneiden.

2. Beide Brötchenhälften mit Margarine bestreichen, mit Rucola und Tomatenscheiben belegen, mit Pfeffer würzen und jeweils 1 Scheibe Parmaschinken darauflegen. Ciabatta servieren.

Statt mit Tomaten ...

... können Sie Ihr Ciabatta auch mit einigen Scheiben Honigmelone belegen. Der *ProPoints*® Wert pro Person ändert sich nicht.

Vollkornbrötchen mit Gurkenaufstrich

Fertig in: 10 Minuten
Davon aktiv: 10 Minuten

Für 1 Person:
1/4 Salatgurke
70 g Hüttenkäse, 20 % Fett i. Tr.
1 TL gehackter Dill
Salz
Pfeffer
1 Vollkornbrötchen
2 Scheiben Geflügelschinken (à 20 g)

 1125 kJ
269 kcal

1. Gurke waschen, raspeln und mit Hüttenkäse und Dill verrühren. Mit Salz und Pfeffer abschmecken.

2. Brötchen aufschneiden und beide Hälften mit Aufstrich bestreichen. Mit Geflügelschinken belegen und servieren.

Für mehr Abwechslung ...

... verrühren Sie den Hüttenkäse doch mal mit 1/2 geraspelten Birne und 1/2 TL Zitronenmelisse. Der *ProPoints*® Wert pro Person ändert sich nicht.

Low-Carb-Genuss

Für ein geschmackvolles Abendessen bedarf es nicht unbedingt reichlicher Kohlenhydrate. Auch mit wenigen steht dem Genuss von verwöhnenden Mahlzeiten nichts im Weg.

Eier-Artischocken-Salat

Fertig in: 20 Minuten
Davon aktiv: 10 Minuten

Für 1 Person:
2 Eier
1 Artischockenherz (Konserve)
1 TL Kapern (Glas)
4 grüne Oliven mit Paprikafüllung
1 EL Mayonnaise, bis 20 % Fett
2 EL Cremefine wie Crème fraîche
Salz
Pfeffer
4 Blätter Mini-Römersalat
einige Blätter Kerbel

1. Eier in kochendem Wasser ca. 8–10 Minuten hart kochen, abschrecken und pellen. Artischockenherz und Kapern abtropfen lassen, mit Oliven und Eiern fein hacken und mit Mayonnaise und Cremefine verrühren. Mit Salz und Pfeffer abschmecken.

2. Salatblätter waschen und trocken schleudern. Eier-Artischocken-Salat darauf verteilen. Kerbel waschen, trocken schütteln und Salat mit Kerbel garniert servieren.

pro Person
81 kJ
19 kcal

Überbackene Rote Bete mit Salat

Fertig in: 25 Minuten
Davon aktiv: 20 Minuten

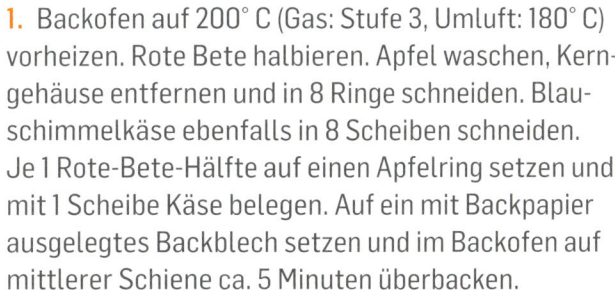

Für 4 Personen:
500 g vorgegarte Rote Bete
(vakuumverpackt)
1 säuerlicher Apfel (z. B. Elstar)
80 g Blauschimmelkäse, 50 % Fett i. Tr.
200 g Pflücksalatmischung
(Kühltheke)
4 EL Orangensaft
1 TL Ahornsirup
1 EL Olivenöl
1/2 TL Dijonsenf
Salz
Pfeffer
2 EL Sonnenblumenkerne

1. Backofen auf 200° C (Gas: Stufe 3, Umluft: 180° C) vorheizen. Rote Bete halbieren. Apfel waschen, Kerngehäuse entfernen und in 8 Ringe schneiden. Blauschimmelkäse ebenfalls in 8 Scheiben schneiden. Je 1 Rote-Bete-Hälfte auf einen Apfelring setzen und mit 1 Scheibe Käse belegen. Auf ein mit Backpapier ausgelegtes Backblech setzen und im Backofen auf mittlerer Schiene ca. 5 Minuten überbacken.

2. Pflücksalat waschen und trocken schleudern. Für das Dressing Orangensaft, Ahornsirup, Öl und Senf verrühren, mit Salz und Pfeffer würzen. Salat auf Tellern anrichten, mit Dressing beträufeln und überbackene Rote Bete daraufgeben. Mit Sonnenblumenkernen bestreut servieren.

pro Person
4 ProPoints Wert   885 kJ
                          212 kcal

Wer es milder mag, ...

... ersetzt den Blauschimmelkäse durch 80 g Parmesanhobel. Der *ProPoints*® Wert pro Person ändert sich nicht.

Putenröllchen mit Rucolasalat

Fertig in: 20 Minuten
Davon aktiv: 20 Minuten

Für 4 Personen:
4 Putenschnitzel (à 200 g)
Salz
Pfeffer
4 EL Tafelmeerrettich
300 g Rucola
1 EL Pflanzenöl
150 g Cocktailtomaten
2 EL heller Balsamicoessig
150 ml Gemüsebrühe
(1 TL Instantpulver)

pro Person
6 ProPoints Wert | 1169 kJ
280 kcal

1. Putenschnitzel abspülen, trocken tupfen, flach klopfen, Putenschnitzel salzen, pfeffern und mit Meerrettich bestreichen. Rucola waschen, trocken schleudern und einige Blätter auf den Putenschnitzeln verteilen. Putenschnitzel aufrollen und mit Holzspießen feststecken. Öl in einer Pfanne erhitzen, Putenröllchen darin ca. 10 Minuten rundherum braten und herausnehmen.

2. Tomaten waschen und halbieren oder vierteln und mit restlichem Rucola mischen. Bratensatz mit Balsamicoessig und Brühe verrühren und mit Salz und Pfeffer würzen. Salat mit Dressing beträufeln, Putenröllchen daraufsetzen und servieren.

Statt Putenschnitzel ...

... können Sie auch 800 g Schweinefiletstreifen nehmen, die Sie gebraten auf dem Rucolasalat anrichten. Der *ProPoints*® Wert pro Person ändert sich nicht.

Kohlrabischichtsalat

Fertig in: 15 Minuten
Davon aktiv: 15 Minuten

Für 4 Personen:
1/2 unbehandelte Zitrone
200 g Hüttenkäse, 20 % Fett i. Tr.
100 g Magermilchjoghurt
1 TL körniger Senf
Salz
Pfeffer
1 Beet Kresse
100 g Putenbrustaufschnitt in
dünnen Scheiben
500 g Kohlrabi

526 kJ
126 kcal

1. Zitronenschale abreiben. Hüttenkäse mit Joghurt, Senf und 1/4 Teelöffel Zitronenschale verrühren und mit Salz und Pfeffer abschmecken. Kresse vom Beet schneiden.

2. Putenbrustaufschnitt in Streifen schneiden. Kohlrabi schälen und grob raspeln. Kohlrabiraspel und Putenstreifen abwechselnd mit Hüttenkäsecreme und Kresse in 4 Gläser schichten und Kohlrabischichtsalat servieren.

Statt Kohlrabi ...

... können Sie auch gerne andere Gemüsesorten wie Karotten oder Rote Bete nehmen.
Der *ProPoints*® Wert pro Person ändert sich nicht.

Thailändischer Tintenfischsalat

Fertig in: 30 Minuten
Davon aktiv: 25 Minuten

Für 2 Personen:
1 kleiner Blumenkohl
Salz, Pfeffer
1 TL Kurkuma
1 Stange Bleichsellerie
50 g Mungobohnensprossen
1 unbehandelte Limette
1 rote Chilischote
1 Stück Ingwer (ca. 2 cm)
1 Schalotte
75 ml Gemüsebrühe
(1/2 TL Instantpulver)
3 EL Sojasauce
1 TL Honig
200 g Tintenfischtuben (frisch oder TK)
2 TL Pflanzenöl
1 EL gehackte Minze
1 EL gehackter Koriander

pro Person **3** ProPoints Wert
1206 kJ
289 kcal

1. Blumenkohl waschen, in Röschen zerteilen, in Salzwasser mit Kurkuma ca. 8–10 Minuten garen, abgießen und abkühlen lassen. Sellerie waschen und in dünne Scheiben schneiden. Mungobohnensprossen waschen und abtropfen lassen.

2. Limettenschale abreiben und Limette auspressen. Chilischote waschen, entkernen und in feine Ringe schneiden. Ingwer und Schalotte schälen und sehr fein hacken. Brühe, Sojasauce, Honig, Limettenschale und -saft, Chiliringe, Ingwer- und Schalottenwürfel verrühren.

3. Tintenfischtuben gegebenenfalls auftauen lassen, abspülen, trocken tupfen und in Ringe schneiden. Öl in einer Pfanne erhitzen und Tintenfischringe darin ca. 2–3 Minuten rundherum braten, salzen und pfeffern. Mit Blumenkohlröschen, Selleriescheiben, Mungobohnensprossen und Dressing vermengen und mit Salz und Pfeffer abschmecken. Minze und Koriander unterheben und Tintenfischsalat servieren.

Salat mit Tunfisch und Wasabimayo

Fertig in: 25 Minuten
Davon aktiv: 20 Minuten

Für 4 Personen:
50 g Mayonnaise, bis 20 % Fett
2 EL saure Sahne
1 TL Wasabipaste
Salz, Pfeffer
1/2 Eichblattsalat
3 TL Olivenöl
1 EL Weißweinessig
2 EL Apfelsaft
1/4 TL Senf
250 g Tunfischsteak
3 EL Schwarzkümmel

pro Person **5** ProPoints Wert
920 kJ
220 kcal

1. Mayonnaise, saure Sahne und Wasabi verrühren und mit Salz und Pfeffer würzen. Salat waschen, trocken schleudern und in mundgerechte Stücke zerteilen. 2 Teelöffel Öl, Essig, Apfelsaft und Senf verrühren, mit Salz und Pfeffer würzen. Salat mit Vinaigrette vermengen.

2. Tunfisch abspülen, trocken tupfen und in breite Streifen schneiden. Schwarzkümmel mit je ca. 1/2 Teelöffel Salz und Pfeffer auf einem Teller mischen. Tunfischstreifen darin wälzen.

3. Restliches Öl in einer Pfanne erhitzen und Tunfischstreifen darin ca. 1–2 Minuten rundherum braten. Tunfischsticks mit Wasabimayo und Salat servieren.

Rotbarsch mit gebratenem Fenchel

Fertig in: 30 Minuten
Davon aktiv: 10 Minuten

Für 1 Person:
250 g Fenchel
1 unbehandelte Zitrone
1 Rotbarschfilet (125 g)
Salz
Pfeffer
1 TL Pflanzenöl
2 EL Orangensaft

pro Person
4 ProPoints Wert
1175 kJ
281 kcal

1. Backofen auf 200° C (Gas: Stufe 3, Umluft: 180° C) vorheizen. Fenchel waschen, halbieren, den Strunk entfernen und in Streifen schneiden. Fenchelkraut fein hacken. Zitrone halbieren und eine Hälfte auspressen. Die andere Hälfte in Scheiben schneiden. Rotbarsch- filet abspülen, trocken tupfen, mit Zitronensaft be- träufeln, salzen und pfeffern. In eine ofenfeste Form (ca. 10 x 10 cm) geben und im Backofen auf mittlerer Schiene ca. 20 Minuten garen.

2. Öl in einer Pfanne erhitzen, Fenchelstreifen darin ca. 3 Minuten braten und mit Salz und Pfeffer würzen. Mit Orangensaft ablöschen und ca. 10 Minuten garen.

3. Rotbarsch mit Fenchelkraut bestreuen und mit gebratenem Fenchel und Zitronenscheiben servieren. Nach Wunsch mit rosa Pfefferbeeren garnieren.

Wer das Gericht ...

... nicht als Low-Carb-Variante zubereiten möchte, kann dazu 2 Scheiben Baguette servieren. Der *ProPoints*® Wert pro Person erhöht sich auf 8.

Lauch-Hack-Suppe

Fertig in: 30 Minuten
Davon aktiv: 20 Minuten

Für 2 Personen:
600 g Lauch
1 großer säuerlicher Apfel
(z. B. Boskop)
2 TL Pflanzenöl
300 g Tatar
Salz
Pfeffer
1 EL Currypulver
1 EL Mehl
800 ml Gemüsebrühe
(1 EL Instantpulver)
100 ml Cremefine zum Kochen,
15 % Fett
getrockneter Thymian

1. Lauch waschen und in Ringe schneiden. Apfel vierteln, entkernen, schälen und in kleine Würfel schneiden.

2. Öl in einem Topf erhitzen und Tatar darin ca. 5 Minuten krümelig anbraten. Mit Salz und Pfeffer würzen. Lauchringe und Apfelwürfel zugeben und kurz mit anbraten. Mit Currypulver und Mehl bestäuben, Brühe angießen und ca. 5–8 Minuten garen.

3. Mit Cremefine verfeinern und kurz aufkochen lassen. Mit Salz, Pfeffer, Thymian und Currypulver abschmecken und Lauch-Hack-Suppe servieren.

pro Person
8
ProPoints Wert
| 2099 kJ
| 502 kcal

Wer das Gericht ...

... nicht als Low-Carb-Variante zubereiten möchte, kann dazu 1 Scheibe Schwarzbrot (Roggenvollkornbrot) pro Person servieren. Der *ProPoints*® Wert pro Person erhöht sich auf 11.

Lamm mit roten Linsen

Fertig in: 35 Minuten
Davon aktiv: 20 Minuten

Für 2 Personen:
1 kleine Zwiebel
1 Knoblauchzehe
2 Lammfilets (à 120 g)
2 TL Pflanzenöl
Salz
Pfeffer
je 1 Msp. gemahlener Kreuzkümmel,
Koriander und Zimtpulver
100 g trockene rote Linsen
300 ml Gemüsebrühe
(1 TL Instantpulver)
4 getrocknete Datteln, ohne Stein
200 g Friséesalat
100 g fettarmer Joghurt
1–2 EL Zitronensaft

1912 kJ
458 kcal

1. Zwiebel schälen und mit Knoblauch fein hacken. Lammfilets trocken tupfen. 1 Teelöffel Öl in einer Pfanne erhitzen, Lammfilets darin ca. 2–3 Minuten von jeder Seite braten und mit Salz und Pfeffer würzen. Lammfilets aus der Pfanne nehmen, in Alufolie wickeln und ruhen lassen.

2. Zwiebeln und Knoblauch im Bratensatz glasig dünsten. Gewürze und Linsen zugeben und kurz mit anbraten. Mit Brühe ablöschen, aufkochen lassen und ca. 15 Minuten bei schwacher Hitze garen. Datteln in Würfel schneiden und zu den Linsen geben. Mit Salz und Pfeffer abschmecken.

3. Salat waschen, trocken schleudern und in mundgerechte Stücke zerteilen. Joghurt, restliches Öl und Zitronensaft verrühren. Mit Salz und Pfeffer würzen. Salat mit Dressing vermengen. Lammfilets aus der Folie nehmen, Bratensaft zu den Linsen geben, Filets auf das Linsengemüse legen und kurz mit erwärmen. Lamm mit roten Linsen und Salat servieren.

Garnelen-Kalbfleisch-Salat

Fertig in: 35 Minuten
Davon aktiv: 10 Minuten

Für 2 Personen:
2 EL Limettensaft
1 EL Sojasauce
1 TL Honig
1 TL gehackter Thymian
Salz
bunter Pfeffer
150 g küchenfertige Garnelen
4 Feigen
1 gelbe Paprika
150 g Rucola
120 g Kalbsschnitzel
2 TL Pflanzenöl
2 Orangen
1 EL Feigensenf

 pro Person
4 ProPoints Wert
1729 kJ
414 kcal

1. Limettensaft, Sojasauce, Honig, Thymian, Salz und Pfeffer verrühren. Garnelen abspülen, trocken tupfen und darin ca. 15 Minuten marinieren. Feigen, Paprika und Rucola waschen. Feigen vierteln, Paprika entkernen und in Streifen schneiden. Rucola trocken schleudern.

2. Kalbsschnitzel trocken tupfen und in Streifen schneiden. Öl in einer Pfanne erhitzen, Kalbsstreifen darin ca. 3 Minuten rundherum braten, salzen, pfeffern und herausnehmen. Garnelen im Bratensatz ca. 2–3 Minuten rundherum braten.

3. Orangen auspressen, Saft mit Senf, Salz und Pfeffer verrühren. Feigen, Paprika und Rucola mischen und auf 2 Tellern verteilen. Garnelen und Kalbsstreifen darauf anrichten, mit Dressing beträufeln und servieren.

Käsesteak mit Kaisergemüse

Fertig in: 15 Minuten
Davon aktiv: 15 Minuten

Für 4 Personen:
4 Rinderhüftsteaks (à 150 g)
Salz
Pfeffer
1 EL Pflanzenöl
1 kg Kaisergemüse (TK)
2 EL mittelscharfer Senf
2 Scheiben Appenzeller, 50 % Fett i. Tr. (à 30 g)
1 EL Halbfettmargarine

 pro Person
7 ProPoints Wert
1154 kJ
276 kcal

1. Steaks trocken tupfen, salzen und pfeffern. Öl in einer Pfanne erhitzen und Steaks darin von jeder Seite ca. 5 Minuten braten. Gemüse in Salzwasser ca. 5 Minuten garen und abgießen. Steaks mit Senf bestreichen, mit je 1 halbierten Käsescheibe belegen und zugedeckt ziehen lassen, bis der Käse geschmolzen ist.

2. Steaks aus der Pfanne nehmen und Gemüse im Bratensatz schwenken. Margarine zufügen und schmelzen. Mit Salz und Pfeffer würzen. Käsesteaks mit Kaisergemüse servieren.

Medaillons mit Apfelrelish

Fertig in: 40 Minuten
Davon aktiv: 25 Minuten

Für 4 Personen:

2 Schalotten
1 Stück Ingwer (ca. 2 cm)
400 g säuerliche Äpfel (z. B. Elstar)
3 EL Obstessig
1 TL Currypulver
3 EL Wasser
2 EL Rosinen
Salz
Pfeffer
1 große Zwiebel
1 Knoblauchzehe
2 TL Pflanzenöl
600 g Blattspinat (TK)
4 Kalbsmedaillons (à 120 g)

 1115 kJ
267 kcal

1. Schalotten und Ingwer schälen und fein hacken. Äpfel vierteln, entkernen, schälen und in kleine Würfel schneiden. Apfelwürfel, gehackte Schalotten und Ingwer mit Essig, Currypulver und Wasser in einen Topf geben und bei mittlerer Hitze ca. 3–5 Minuten köcheln lassen. Rosinen zugeben, mit Salz und Pfeffer abschmecken und auskühlen lassen.

2. Zwiebel schälen und mit Knoblauch würfeln. 1 Teelöffel Öl in einem Topf erhitzen, Zwiebelwürfel und Knoblauch darin glasig dünsten. Gefrorenen Spinat zugeben und bei schwacher Hitze zugedeckt ca. 10 Minuten garen lassen. Spinat mit Salz und Pfeffer würzen.

3. Medaillons trocken tupfen. Restliches Öl in einer Pfanne erhitzen. Medaillons darin ca. 8–10 Minuten braten und mit Salz und Pfeffer würzen. Medaillons mit Spinat und Apfelrelish servieren.

Hackbällchen auf Aprikosen

Fertig in: 40 Minuten
Davon aktiv: 30 Minuten

Für 2 Personen:
1 kleine Zwiebel
1 Knoblauchzehe
1 EL Rosinen
250 g Tatar
1 EL gehackte Mandeln
1/2 TL Ras el Hanout
Salz
Pfeffer
1 EL Pflanzenöl
400 g grüne Paprika
4 Aprikosen
4 Stiele Minze
2 EL Orangensaft

 pro Person 7 ProPoints Wert | 1526 kJ
365 kcal

1. Zwiebel schälen und mit Knoblauch fein hacken. Rosinen hacken. Tatar, Zwiebel, Knoblauch, Rosinen und Mandeln verkneten. Mit Ras el Hanout, Salz und Pfeffer kräftig würzen. Aus der Masse 10 kleine Bällchen formen.

2. Öl in einer Pfanne erhitzen und Bällchen darin bei mittlerer Hitze ca. 8 Minuten rundherum braten. Paprika waschen, entkernen und in Stücke schneiden. Aprikosen waschen, halbieren, Steine entfernen und Aprikosen in Spalten schneiden. Aprikosenspalten auf zwei Tellern verteilen. Minze waschen, trocken schütteln, Blätter abzupfen und grob hacken. Aprikosen mit Minze bestreuen.

3. Hackbällchen aus der Pfanne nehmen und auf die Aprikosen geben. Bratensatz mit Orangensaft ablöschen, über Hackbällchen und Aprikosenspalten träufeln. Hackbällchen auf Aprikosen mit Paprikastücken servieren.

Wer das Gericht ...

... nicht als Low-Carb-Variante zubereiten möchte, kann dazu 1 Scheibe Baguette pro Person servieren. Der *ProPoints*® Wert pro Person erhöht sich auf 9.

Ras el Hanout ...

... ist eine orientalische Gewürzmischung, die in gut sortierten Lebensmittelgeschäften, im Bioladen oder in speziellen Gewürzläden erhältlich ist.

Süßsaure Wokpfanne

Fertig in: 35 Minuten
Davon aktiv: 20 Minuten

Für 2 Personen:
350 g Karotten
1 Bund Frühlingszwiebeln
250 g Schweinefilet
2 TL Pflanzenöl
Salz
1 kleine Dose Ananasstücke
(140 g Abtropfgewicht)
6 EL Ananassaft
50 ml Wasser
3 EL Sojasauce
1/2 TL Sambal Oelek
Pfeffer
30 g Cashewnüsse

1994 kJ
477 kcal

1. Karotten schälen und in feine Streifen schneiden. Frühlingszwiebeln waschen und in Stücke schneiden.

2. Schweinefilet trocken tupfen und in Streifen schneiden. Öl in einem Wok oder einer Pfanne erhitzen. Filetstreifen darin ca. 3 Minuten rundherum braten, salzen und herausnehmen. Karottenstreifen und Frühlingszwiebelstücke im Bratensatz anbraten.

3. Ananas abtropfen lassen und Saft dabei auffangen. Ananassaft, Wasser und 2 Esslöffel Sojasauce zum Gemüse geben, aufkochen lassen und ca. 6–8 Minuten garen. Ananasstücke und Filetstreifen zugeben und kurz mit garen. Mit Sambal Oelek, restlicher Sojasauce, Salz und Pfeffer abschmecken. Cashewnüsse hacken, Wokpfanne damit bestreuen und servieren.

Für extra viel Gemüse ...

... fügen Sie 1 rote Paprika und 1 Zucchini in Streifen dazu und braten sie mit dem übrigen Gemüse an. Der *ProPoints*® Wert pro Person ändert sich nicht.

Minestrone mit Parmaschinken

Fertig in: 25 Minuten
Davon aktiv: 10 Minuten

Für 2 Personen:
300 g Zucchini
1 Zwiebel
1 EL Olivenöl
300 g Suppengemüse (TK)
1 Liter Gemüsebrühe
(1 EL Instantpulver)
1 Dose kleine weiße Bohnen
(250 g Abtropfgewicht)
150 g Cocktailtomaten
3 Stiele Basilikum
3 Scheiben Parmaschinken
Salz
Pfeffer

 1399 kJ
335 kcal

1. Zucchini waschen und würfeln. Zwiebel schälen und hacken. Öl in einem Topf erhitzen, Zucchini-, Zwiebelwürfel und Suppengemüse darin andünsten. Brühe angießen und zugedeckt ca. 8–10 Minuten garen.

2. Bohnen abspülen und gut abtropfen lassen. Tomaten waschen. Basilikum waschen, trocken schütteln, Blätter abzupfen und mit Schinken in feine Streifen schneiden.

3. Bohnen und Tomaten zur Minestrone geben und ca. 2–3 Minuten mitgaren. Mit Salz und Pfeffer abschmecken. Minestrone mit Schinken- und Basilikumstreifen bestreut servieren.

Wer das Gericht ...

... nicht als Low-Carb-Variante zubereiten möchte, kann dazu 1 aufgeschnittenes Sesambrötchen pro Person servieren. Der *ProPoints*® Wert pro Person erhöht sich auf 10.

Blitzente mit Wokgemüse

Fertig in: 20 Minuten
Davon aktiv: 10 Minuten

Für 2 Personen:
240 g Entenbrust, ohne Haut
1 TL Sesamöl
Salz
Pfeffer
500 g Asiagemüse (TK)
2 EL Sojasauce
2 TL gehackter Koriander

1107 kJ
265 kcal

1. Entenbrust abspülen, trocken tupfen und in Streifen schneiden. Öl in einem Wok erhitzen und Entenbruststreifen darin ca. 5 Minuten rundherum braten. Mit Salz und Pfeffer würzen und herausnehmen.

2. Gemüse in den Wok geben, im Bratensatz ca. 4–6 Minuten garen und mit Sojasauce und 1 Teelöffel Koriander verfeinern. Asiagemüse mit Salz und Pfeffer abschmecken. Entenbruststreifen unterheben und kurz erwärmen. Blitzente mit restlichem Koriander bestreuen und servieren.

Wer das Gericht nicht als Low-Carb-Variante zubereiten möchte, ...

... kann dazu Rosinenreis servieren. Dafür 1 TL Sesamöl in einem Topf erhitzen, 100 g trockenen Minutenreis mit 2 EL Schalottenwürfeln und 1 TL Rosinen darin ca. 1–2 Minuten anbraten und mit Salz, Pfeffer und einer Prise Kreuzkümmel würzen. Mit Brühe ablöschen und zugedeckt ca. 15 Minuten quellen lassen. Der *ProPoints*® Wert pro Person erhöht sich auf 10.

Maisküchlein mit Harissaquark

Fertig in: 25 Minuten
Davon aktiv: 15 Minuten

Für 2 Personen:
1 Dose Mais (285 g Abtropfgewicht)
500 g Karotten
2 kleine Frühlingszwiebeln
2 Eier
Salz
Pfeffer
1/2 TL Paprikapulver
2 TL Pflanzenöl
120 g Magerquark
1–2 EL Mineralwasser
1/2 TL Harissa

pro Person
7 ProPoints Wert | 1522 kJ
364 kcal

1. Mais abtropfen lassen. Karotten schälen und längs halbieren. Frühlingszwiebeln waschen und in feine Ringe schneiden. Eier verquirlen, mit Mais und Frühlingszwiebelringen vermischen und mit Salz, Pfeffer und Paprikapulver würzen.

2. Öl portionsweise in einer Pfanne erhitzen und jeweils 4 Küchlein von jeder Seite ca. 5 Minuten abbacken.

3. Quark mit Mineralwasser und Harissa glatt rühren. Mit Salz abschmecken. Maisküchlein mit Karottenhälften und Harissaquark servieren.

Linsensalat mit Geflügelbrust

Fertig in: 35 Minuten
Davon aktiv: 10 Minuten

Für 1 Person:
80 g trockene Puy-Linsen
100 g Friséesalat
1 kleine Zwiebel
1 süß-säuerlicher Apfel (z. B. Elstar)
3 Scheiben Geflügelbrustaufschnitt
(45 g)
2 EL Apfelessig
5 EL Gemüsebrühe
(2 Prisen Instantpulver)
1 TL Ajvar
Salz
Pfeffer
1 EL gehacktes Basilikum
1 TL Sonnenblumenkerne

pro Person
8 ProPoints Wert | 2009 kJ
481 kcal

1. Linsen nach Packungsanweisung in Wasser garen. Salat waschen, trocken schleudern und in mundgerechte Stücke zerteilen. Zwiebel schälen und würfeln. Apfel vierteln, entkernen, schälen und in Würfel schneiden. Geflügelbrustaufschnitt in Streifen schneiden.

2. Für das Dressing Essig mit Brühe und Ajvar verrühren und mit Salz und Pfeffer abschmecken.

3. Linsen abgießen, kurz abkühlen lassen und mit Salat, Zwiebel-, Apfelwürfeln und Geflügelbruststreifen vermengen. Dressing unter den Salat heben, mit Basilikum und Sonnenblumenkernen garnieren und servieren.

Abendküche mit Pfiff

Eine pfiffige Mahlzeit nach einem langen Arbeitstag ist der beste
Einstieg in den wohlverdienten Feierabend.

Linguine mit Honigtomaten

Fertig in: 20 Minuten
Davon aktiv: 5 Minuten

Für 4 Personen:

250 g trockene Linguine
Salz
500 g Cocktailtomaten
1 EL Pflanzenöl
1 TL Honig
Pfeffer
2 TL gehackte italienische Kräuter

1. Nudeln nach Packungsanweisung in Salzwasser garen. Cocktailtomaten waschen und halbieren. Öl in einer Pfanne erhitzen und Tomatenhälften darin ca. 3 Minuten anbraten.

2. Honig zufügen und mit Salz, Pfeffer und italienischen Kräutern würzen. Nudeln abgießen und mit Honigtomaten servieren.

pro Person
7 ProPoints Wert | 1159 kJ
277 kcal

Wenn's noch schneller gehen muss, ...

... dann probieren Sie die **Weight Watchers** Linguine in Champignon-Sahnesauce.

Zucchini-Schafskäse-Pfanne

Fertig in: 25 Minuten
Davon aktiv: 10 Minuten

Für 1 Person:
1 Ecke Fladenbrot (ca. 50 g)
2 kleine Zucchini
1 kleine Zwiebel
100 g Schafskäse light
1 TL Olivenöl
1 Knoblauchzehe
Salz
Pfeffer
1 TL gehackte Petersilie
1 Prise Chilipulver
50 g fettarmer Joghurt
1 TL Schnittlauchringe
1 Prise Chiliflocken

1. Fladenbrot würfeln, fettfrei in einer Pfanne goldbraun rösten und herausnehmen. Zucchini waschen, längs halbieren und in Scheiben scheiden. Zwiebel schälen und mit Schafskäse in Würfel schneiden.

2. Öl in einer Pfanne erhitzen, Knoblauch hineinpressen und mit Zucchinischeiben und Zwiebelwürfeln darin ca. 5 Minuten anbraten. Geröstete Brot- und Schafskäsewürfel unterheben. Mit Salz, Pfeffer, Petersilie und Chilipulver würzen.

3. Für den Dip Joghurt mit Schnittlauchringen und Chiliflocken verrühren und mit Salz und Pfeffer würzen. Zucchini-Schafskäse-Pfanne mit Joghurtdip servieren.

pro Person
10 ProPoints Wert ®

2018 kJ
483 kcal

Glasnudelsalat mit Hähnchen

Fertig in: 35 Minuten
Davon aktiv: 20 Minuten

Für 2 Personen:
250 ml Geflügelbrühe
(1 TL Instantpulver)
5 EL Sojasauce
240 g Hähnchenbrustfilet
1 Karotte
100 g Zuckererbsenschoten
1 Stück Ingwer (ca. 3 cm)
50 g trockene Glasnudeln
1 EL Erdnüsse
1 unbehandelte Limette
1 EL Sesamöl
Salz
Pfeffer

1734 kJ
415 kcal

1. Brühe mit 2 Esslöffeln Sojasauce aufkochen. Hähnchenbrustfilet abspülen, trocken tupfen und in der Brühe bei schwacher Hitze ca. 10 Minuten gar ziehen lassen.

2. Karotte schälen, Zuckererbsenschoten waschen und beides in Stifte schneiden. Ingwer schälen und hacken. Hähnchenbrustfilet aus der Brühe nehmen und etwas abkühlen lassen. Zuckererbsenschoten und Karottenstifte, Ingwer und Glasnudeln in die Brühe geben und ca. 5 Minuten darin gar ziehen lassen. Ebenfalls aus der Brühe nehmen, abtropfen und etwas abkühlen lassen. Brühe aufbewahren. Glasnudeln gegebenenfalls mit einer Schere kleiner schneiden.

3. Hähnchen in mundgerechte Stücke schneiden. Erdnüsse hacken. Limettenschale abreiben und Limette auspressen. Für das Dressing 4 Esslöffel Brühe, restliche Sojasauce, Sesamöl, Limettensaft und -schale verrühren, mit Salz und Pfeffer würzen. Glasnudeln, Gemüse und Ingwer mit Hähnchenfleisch, Erdnüssen und Dressing vermengen. Glasnudelsalat mit Salz und Pfeffer abschmecken und servieren.

Kabeljaufilet auf Gorgonzolaspinat

Fertig in: 30 Minuten
Davon aktiv: 10 Minuten

Für 4 Personen:
200 g trockener 10-Minuten-Reis
Salz
1 Zwiebel
4 TL Pflanzenöl
800 g gehackter Blattspinat (TK)
2 EL Schmand
Pfeffer
1 Prise geriebene Muskatnuss
4 Kabeljaufilets (à 125 g)
60 g Gorgonzola, 55 % Fett i. Tr.

1. Reis nach Packungsanweisung in Salzwasser garen. Zwiebel schälen und würfeln. 2 Teelöffel Öl in einer Pfanne erhitzen und Spinat mit Zwiebelwürfeln darin ca. 15 Minuten zugedeckt dünsten. Reis und Schmand unterheben. Mit Salz, Pfeffer und Muskatnuss würzen.

2. Kabeljaufilets abspülen, trocken tupfen, salzen und pfeffern. Gorgonzola würfeln. Restliches Öl in einer Pfanne erhitzen. Kabeljaufilets darin ca. 5 Minuten von jeder Seite braten. Gorgonzolawürfel über den Spinat streuen und mit Kabeljaufilets servieren.

pro Person
1767 kJ
423 kcal

Bulgursalat mit Rucola

Fertig in: 25 Minuten
Davon aktiv: 15 Minuten

Für 4 Personen:
200 g grüne Bohnen
Salz
150 g trockener Bulgur
2 Tomaten
50 g Rucola
2 EL Olivenöl
2 EL Zitronensaft
2 EL Apfelsaft
Pfeffer
140 g Schafskäse light
2 Brötchen

pro Person
9 ProPoints Wert | 2756 kJ
659 kcal

1. Bohnen waschen und halbieren. In kochendem Salzwasser ca. 8–10 Minuten garen. Bulgur nach Packungsanweisung in Salzwasser garen.

2. Tomaten waschen, vierteln, entkernen und in Würfel schneiden. Rucola waschen, trocken schleudern und kleiner schneiden.

3. Bohnen und Bulgur abgießen, beides kalt abspülen. Für das Dressing Öl, Zitronen- und Apfelsaft verrühren, mit Salz und Pfeffer würzen. Bohnen, Bulgur, Tomatenwürfel und Rucola mit dem Dressing vermischen. Schafskäse zerbröckeln und unterheben. Brötchen in Scheiben schneiden. Bulgursalat mit Salz und Pfeffer abschmecken und mit Brötchenscheiben servieren.

Für einen mediterranen Bulgursalat ...

... ersetzen Sie die Bohnen durch 2 gegrillte Zucchinischeiben und Würfel von 2 eingeweichten getrockneten Tomaten ohne Öl. Der *ProPoints* ® Wert pro Person ändert sich nicht.

Petersilienwurzelsuppe mit Feigen-Schinken-Topping

Fertig in: 20 Minuten
Davon aktiv: 15 Minuten

Für 2 Personen:
300 g festkochende Kartoffeln
400 g Petersilienwurzeln
1 Zwiebel
2 TL Pflanzenöl
1 Liter Gemüsebrühe
(1 EL Instantpulver)
1 Feige
50 g magere Schinkenwürfel
2 EL Schmand
4 EL gehackte Petersilie
Salz
Pfeffer
2 Scheiben Bauernbrot

1. Kartoffeln, Petersilienwurzeln und Zwiebel schälen und würfeln. 1 Teelöffel Öl in einem Topf erhitzen und Zwiebelwürfel darin glasig dünsten. Petersilienwurzel- und Kartoffelwürfel dazugeben, mit Brühe ablöschen und zugedeckt ca. 15 Minuten garen.

2. Feige waschen und in Würfel schneiden. Restliches Öl in einer Pfanne erhitzen und Feigen- mit Schinkenwürfeln darin ca. 2–3 Minuten anbraten. Suppe mit Schmand und Petersilie verfeinern, pürieren und mit Salz und Pfeffer abschmecken. Petersilienwurzelsuppe mit Feigen-Schinken-Topping und nach Wunsch mit Senfsprossen garnieren. Mit Brot servieren.

pro Person

1999 kJ
478 kcal

Senfsprossen erhalten Sie ...
... in gut sortierten Gemüseläden. Stattdessen können Sie auch Kresse verwenden.

Spirellipfanne mit Würstchen

Fertig in: 15 Minuten
Davon aktiv: 15 Minuten

Für 4 Personen:
200 g trockene Spirelli
Salz
1 Zwiebel
1 EL Pflanzenöl
600 g Erbsen-Möhren-Gemüse (TK)
200 ml Gemüsebrühe
(1 TL Instantpulver)
100 g Schmelzkäse, 20 % Fett i. Tr.
4 Weight Watchers Delikatess
Wiener Würstchen
Pfeffer
1 Prise geriebene Muskatnuss
4 EL geriebener Parmesan

 1853 kJ
443 kcal

1. Nudeln nach Packungsanweisung in Salzwasser garen. Zwiebel schälen und würfeln. Öl in einer Pfanne erhitzen und Zwiebelwürfel mit Gemüse darin ca. 5 Minuten braten. Mit Brühe ablöschen und Schmelzkäse einrühren.

2. Würstchen in Scheiben schneiden. Nudeln abgießen und mit Würstchenscheiben unter das Gemüse heben. Mit Salz, Pfeffer und Muskatnuss würzen und mit Parmesan bestreuen. Spirellipfanne mit Würstchen servieren.

Westernblech mit Hähnchenbrust

Fertig in: 30 Minuten
Davon aktiv: 10 Minuten

Für 4 Personen:
1 Knoblauchzehe
3 TL Olivenöl
2 TL getrockneter Thymian
Salz
Pfeffer
2 Gläser Kartoffeln
(à 420 g Abtropfgewicht)
800 g bunte Paprikastreifen (TK)
650 g Hähnchenbrustfilet
1 TL Pflanzenöl
2 TL Paprikapulver

 1763 kJ
422 kcal

1. Backofen auf 220° C (Gas: Stufe 4, Umluft: 200° C) vorheizen. Knoblauch pressen. Olivenöl mit Knoblauch und Thymian verrühren und mit Salz und Pfeffer würzen. Kartoffeln abtropfen lassen und in schmale Spalten schneiden. Kartoffelspalten mit Paprikastreifen im Würzöl schwenken und auf ein mit Backpapier ausgelegtes Backblech geben.

2. Hähnchenbrustfilet abspülen, trocken tupfen und in Streifen schneiden. Mit Öl bepinseln und mit Salz, Pfeffer und Paprikapulver würzen. Hähnchenstreifen auf das Kartoffel-Paprika-Gemüse legen. Im Backofen auf mittlerer Schiene ca. 20 Minuten backen. Westernblech mit Hähnchenbrust servieren.

Dazu passt ein Joghurt-Kräuter-Dip, ...

... dafür 125 g fettarmen Joghurt mit 1 TL Zitronensaft und 1 EL Schnittlauchringen verrühren, salzen, pfeffern. Der *ProPoints*® Wert pro Person erhöht sich auf 10.

Schupfnudeln mit Rosenkohl und Kasseler

Fertig in: 30 Minuten
Davon aktiv: 15 Minuten

Für 1 Person:
250 g Rosenkohl
Salz
100 g Kasseler, gepökelt
1 TL Pflanzenöl
100 g Schupfnudeln
50 ml Gemüsebrühe
(2 Prisen Instantpulver)
1 EL Schmelzkäse, 30 % Fett i. Tr.
Pfeffer
1/4 TL Kümmel

pro Person
10 ProPoints Wert | 2057 kJ
492 kcal

1. Rosenkohl putzen, Stielansatz kreuzweise einschneiden und in Salzwasser ca. 15 Minuten garen. Kasseler würfeln. Öl in einer Pfanne erhitzen und Schupfnudeln darin ca. 5 Minuten anbraten.

2. Rosenkohl abgießen und mit Kasselerwürfeln zu den Schupfnudeln geben. Kurz mitbraten, mit Brühe ablöschen, Schmelzkäse einrühren und kurz aufkochen. Mit Salz, Pfeffer und Kümmel abschmecken und servieren.

Couscoussalat mit Steakstreifen

Fertig in: 20 Minuten
Davon aktiv: 10 Minuten

Für 1 Person:
50 g trockener Couscous
150 g Rindersteak
1 TL Pflanzenöl
Salz
1 TL Ajvar
100 g Cocktailtomaten
1 Frühlingszwiebel
3 EL Gemüsebrühe
(1 Prise Instantpulver)
1 TL Tomatenmark
1/2 TL Zitronensaft
1 TL Orangensaft
1/2 TL gehackter Majoran
Pfeffer

pro Person
10 ProPoints Wert | 1775 kJ
425 kcal

1. Couscous nach Packungsanweisung zubereiten und abkühlen lassen. Rindersteak trocken tupfen und in Streifen schneiden. Öl in einer Pfanne erhitzen, Rindersteakstreifen darin ca. 3 Minuten rundherum braten und mit Salz und Ajvar würzen.

2. Tomaten waschen und halbieren. Frühlingszwiebel waschen und in Ringe schneiden. Couscous mit Tomatenhälften und Frühlingszwiebelringen vermischen.

3. Für das Dressing Brühe mit Tomatenmark, Zitronensaft, Orangensaft und Majoran verrühren. Mit Salz und Pfeffer würzen und mit dem Salat vermengen. Couscoussalat mit Steakstreifen anrichten und servieren.

Pizza Hawaii

Fertig in: 30 Minuten
Davon aktiv: 10 Minuten

Für 12 Stücke:
1 Pizzakit, Teig und Sauce (Kühltheke)
200 g gekochter Schinken
1 Dose Ananasstücke, ohne Zucker
(340 g Abtropfgewicht)
200 g geriebener Gouda, 30 % Fett i. Tr.

 689 kJ
165 kcal

1. Backofen auf 220° C (Gas: Stufe 4, Umluft: 200° C) vorheizen. Pizzateig dünn auf einem mit Backpapier ausgelegten Backblech ausrollen und mit Tomatensauce bestreichen.

2. Schinken in Streifen schneiden. Ananasstücke abtropfen lassen und mit Schinkenstreifen auf der Pizza verteilen. Mit Gouda bestreuen und im Backofen auf mittlerer Schiene ca. 20 Minuten backen. Pizza Hawaii in 12 Stücke schneiden und servieren.

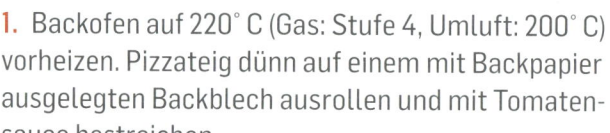

Für eine Salamipizza ...

... tauschen Sie den gekochten Schinken und die Ananas gegen 1 in Streifen geschnittene rote Paprika und 160 g **Weight Watchers** Premium Salami. Der *ProPoints®* Wert pro Stück ändert sich nicht.

Garnelenpfanne mit Reis

Fertig in: 15 Minuten
Davon aktiv: 15 Minuten

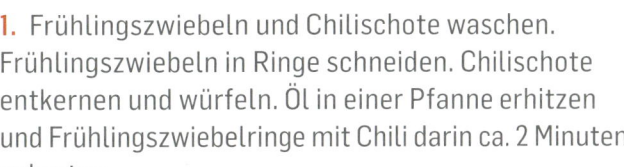

Für 4 Personen:

2 Frühlingszwiebeln
1 rote Chilischote
1 EL Sesamöl (ersatzweise Pflanzenöl)
300 g Zuckererbsenschoten
150 g Erbsen (TK)
1 EL gehackter Koriander
5 EL Wasser
250 g Express Langkornreis
250 g küchenfertige Garnelen
(Kühltheke)
2 TL Zitronensaft
Salz
Pfeffer

1. Frühlingszwiebeln und Chilischote waschen. Frühlingszwiebeln in Ringe schneiden. Chilischote entkernen und würfeln. Öl in einer Pfanne erhitzen und Frühlingszwiebelringe mit Chili darin ca. 2 Minuten anbraten.

2. Zuckererbsenschoten waschen, mit Erbsen, Koriander und Wasser in die Pfanne geben und ca. 5 Minuten mitbraten. Reis nach Packungsanweisung in der Mikrowelle garen.

3. Garnelen abspülen, trocken tupfen, zum Gemüse geben und ca. 2 Minuten gar ziehen lassen. Mit Zitronensaft, Salz und Pfeffer abschmecken. Garnelenpfanne mit Reis servieren.

pro Person
5 ProPoints Wert | 1078 kJ
258 kcal

Wer lieber Geflügel mag, …

… ersetzt die Garnelen durch 200 g gewürfeltes Putenbrustfilet. Salzen, pfeffern und mit dem Gemüse anbraten. Der *ProPoints*® Wert pro Person ändert sich nicht.

Hähnchen in Erdnusssauce

Fertig in: 20 Minuten
Davon aktiv: 10 Minuten

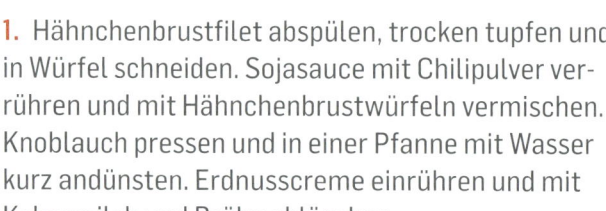

Für 2 Personen:
240 g Hähnchenbrustfilet
2 EL Sojasauce
1/4 TL Chilipulver
1 Knoblauchzehe
2 EL Wasser
4 TL Erdnusscreme
160 ml Kokosmilch light
75 ml Gemüsebrühe
(1/2 TL Instantpulver)
80 g trockener Minutenreis
500 g Kaisergemüse (TK)
Salz
Pfeffer

1. Hähnchenbrustfilet abspülen, trocken tupfen und in Würfel schneiden. Sojasauce mit Chilipulver verrühren und mit Hähnchenbrustwürfeln vermischen. Knoblauch pressen und in einer Pfanne mit Wasser kurz andünsten. Erdnusscreme einrühren und mit Kokosmilch und Brühe ablöschen.

2. Hähnchenbrustwürfel untermischen und zugedeckt ca. 10 Minuten garen. Reis und Kaisergemüse jeweils nach Packungsanweisung garen. Hähnchen mit Salz und Pfeffer abschmecken, nach Wunsch mit frischen Kräutern garnieren und mit Reis und Gemüse servieren.

pro Person
11 ProPoints Wert
2169 kJ
519 kcal

Noch asiatischer wird es, ...

... wenn Sie das Kaisergemüse durch Asiagemüse ersetzen und 1 Esslöffel frisch gehackten Koriander unter den Reis heben. Der *ProPoints*® Wert pro Person ändert sich nicht.

Nudelsalat mit Schinken und Ananas

Fertig in: 15 Minuten
Davon aktiv: 10 Minuten

Für 1 Person:
60 g trockene Spiralnudeln
Salz
1 grüne Paprika
2 Scheiben Ananas
(100 g, Konserve, ohne Zucker)
1 Scheibe gekochter Schinken
(ca. 25 g)
1 Dose Mais (140 g Abtropfgewicht)
4 EL fettarmer Joghurt
1 TL Ketchup
1 TL Weißweinessig
1 TL gehackte Petersilie
Pfeffer
1/2 TL Paprikapulver

1. Nudeln nach Packungsanweisung in Salzwasser garen. Paprika waschen, entkernen und mit Ananas würfeln. Schinken in Streifen schneiden und Mais abtropfen lassen.

2. Für das Dressing Joghurt mit Ketchup, Essig und Petersilie verrühren. Mit Salz, Pfeffer und Paprikapulver würzen. Nudeln abgießen, mit restlichen Zutaten und Dressing vermengen und Nudelsalat servieren.

pro Person
2166 kJ
518 kcal

Ziegenkäsetörtchen mit Feigen

Fertig in: 35 Minuten
Davon aktiv: 20 Minuten

Für 2 Personen:
2 Blätter Filoteig
1 EL Pinienkerne
25 g getrocknete Feigen
150 g Ziegenfrischkäse
1 Eigelb
Salz
Pfeffer
Cayennepfeffer

 1217 kJ
291 kcal

1. Filoteig nach Packungsanweisung vorbereiten. Backofen auf 180° C (Gas: Stufe 2, Umluft: 160° C) vorheizen. Pinienkerne fettfrei in einer Pfanne goldbraun rösten, herausnehmen und grob hacken. Feigen in kleine Würfel schneiden.

2. Ziegenfrischkäse und Eigelb verrühren. Feigenwürfel und Pinienkerne zugeben, mit Salz, Pfeffer und Cayennepfeffer würzen.

3. Filoteigblätter aufeinanderlegen und zusammen einmal quer und einmal längs durchschneiden, sodass 4 Doppel-Strudelblätter in quadratischer Form entstehen. 4 Mulden eines Muffinblechs mit Strudelblättern auslegen, gegebenenfalls die Ränder etwas kürzer schneiden. Frischkäsecreme darin verteilen und im Backofen auf mittlerer Schiene ca. 15 Minuten backen. Ziegenkäsetörtchen servieren.

Dazu schmeckt ...

... ein leckerer Orangenfeldsalat. Dafür 100 g Feldsalat waschen, trocken schleudern und mit 1 geschälten und filetierten Orange vermengen. Eine Vinaigrette aus 4 EL Orangensaft, 1 EL Olivenöl, 1 EL Weißweinessig, etwas Senf, Salz und Pfeffer darüberträufeln. Der *ProPoints*® Wert pro Person erhöht sich auf 11.

Pfannkuchenrollen mit Schinken

Fertig in: 30 Minuten
Davon aktiv: 15 Minuten

Für 4 Personen:
100 g Mehl
1/2 TL Backpulver
Salz
100 ml fettarme Milch
2 EL kohlensäurehaltiges
Mineralwasser
2 Eier
2 TL Pflanzenöl
80 g Crème légère
1 TL Senf
2 TL Schnittlauchringe
Pfeffer
4 Frühlingszwiebeln
2 Scheiben gekochter Schinken
1 Kopfsalat
125 g fettarmer Joghurt
1 Prise Zucker

1. Mehl, Backpulver, 1 Prise Salz, Milch, Mineralwasser und Eier zu einem glatten Teig verrühren. Öl portionsweise in einer Pfanne erhitzen und darin 2 Pfannkuchen von jeder Seite ca. 2–3 Minuten abbacken.

2. Crème légère mit Senf und Schnittlauchringen verrühren. Mit Salz und Pfeffer würzen. Pfannkuchen mit der Creme bestreichen. Frühlingszwiebeln waschen und in Ringe schneiden. Pfannkuchen mit je 1 Scheibe Schinken belegen, mit Frühlingszwiebelringen bestreuen und aufrollen. Pfannkuchenrollen jeweils in 6 Stücke schneiden.

3. Kopfsalat waschen, trocken schleudern und in mundgerechte Stücke zerteilen. Joghurt mit Salz, Pfeffer und Zucker verrühren und über den Salat geben. Je 3 Pfannkuchenrollen mit Schinken auf dem Salat anrichten und servieren.

pro Person
1072 kJ
256 kcal

Seelachs auf Tomatensauce

Fertig in: 20 Minuten
Davon aktiv: 15 Minuten

Für 4 Personen:
1 kleine Zwiebel
1 EL Pflanzenöl
1 TL Ajvar
800 g stückige Tomaten (Konserve)
4 Seelachsfilets (à 125 g)
1 TL Zitronensaft
Salz
Pfeffer
1 TL Currypulver
1 Prise Zucker
500 g Express Langkorn & Wildreis

 pro Person
8 ProPoints Wert | 1453 kJ
348 kcal

1. Zwiebel schälen und in Würfel schneiden. Öl in einer Pfanne erhitzen und Zwiebelwürfel mit Ajvar darin kurz andünsten. Mit Tomaten ablöschen und ca. 5 Minuten einkochen lassen.

2. Seelachsfilets abspülen, trocken tupfen, mit Zitronensaft beträufeln, salzen und pfeffern. Tomatensauce mit Salz, Pfeffer, Currypulver und Zucker würzen. Filets auf die Tomatensauce legen und zugedeckt ca. 5 Minuten gar ziehen lassen. Reis nach Packungsanweisung in der Mikrowelle garen. Seelachs auf Tomatensauce mit Reis servieren.

Turbospaghetti mit Tofuwürstchen

Fertig in: 15 Minuten
Davon aktiv: 15 Minuten

Für 4 Personen:
250 g trockene Spaghetti
Salz
1 Zwiebel
150 g Tofuwürstchen
2 TL Pflanzenöl
200 g Karottenraspel (Kühltheke)
800 g stückige Tomaten (Konserve)
2 TL gehackter Oregano
Pfeffer
2 TL Paprikapulver

 pro Person
8 ProPoints Wert | 1537 kJ
368 kcal

1. Nudeln nach Packungsanweisung in Salzwasser garen. Zwiebel schälen und mit Tofuwürstchen in Würfel schneiden.

2. Öl in einer Pfanne erhitzen, Zwiebel- und Tofuwürfel mit Karottenraspeln darin ca. 3 Minuten braten und mit Tomaten ablöschen. Sauce aufkochen und Oregano einrühren. Mit Salz, Pfeffer und Paprikapulver abschmecken. Nudeln abgießen und mit Tofusauce servieren.

Gemüsegratin mit Rahmsauce

Fertig in: 30 Minuten
Davon aktiv: 5 Minuten

Für 4 Personen:
120 g trockene Suppennudeln
Salz
1 kg Kaisergemüse (TK)
1 Beutel Sauce Hollandaise, fettarm
(Fertigprodukt)
250 ml Wasser
2 TL Schnittlauchringe
300 g Frischkäse, bis 1 % Fett absolut
Pfeffer
1 TL Currypulver
60 g geriebener Gouda, 30 % Fett i. Tr.
1 EL Paniermehl

pro Person
| 1322 kJ
| 316 kcal

1. Backofen auf 220° C (Gas: Stufe 4, Umluft: 200° C) vorheizen. Nudeln nach Packungsanweisung in Salzwasser garen. Kaisergemüse in Salzwasser ca. 5 Minuten garen. Rahmsauce nach Packungsanweisung mit Wasser zubereiten und mit Schnittlauchringen und Frischkäse verquirlen. Mit Salz, Pfeffer und Currypulver würzen.

2. Nudeln und Gemüse abgießen, vermischen und in eine Auflaufform (ca. 20 x 30 cm) geben. Sauce darüber verteilen. Käse und Paniermehl vermischen und über das Gratin streuen. Im Backofen auf mittlerer Schiene ca. 15 Minuten überbacken und Gemüsegratin mit Rahmsauce servieren.

Dazu passen auch ...

... 300 g Schweinefiletstreifen, in 1 Teelöffel Öl gebraten. Mit Gemüse und Nudeln in die Auflaufform geben. Der *ProPoints*® Wert pro Person erhöht sich auf 9.

Senfeier mit Salzkartoffeln

Fertig in: 20 Minuten
Davon aktiv: 15 Minuten

Für 4 Personen:
900 g festkochende Kartoffeln
Salz
6 Eier
1 Salatgurke
150 g Karottenraspel (Kühltheke)
2–3 EL Weißweinessig
150 ml Gemüsebrühe
(1/2 TL Instantpulver)
2 TL gehackte Petersilie
Pfeffer
3 EL Halbfettmargarine
1 EL Mehl
250 ml fettarme Milch
3 EL mittelscharfer Senf
1 Prise Zucker

1. Kartoffeln schälen und in Salzwasser ca. 20 Minuten garen. Eier in Wasser ca. 8–10 Minuten hart kochen. Gurke waschen, in Scheiben schneiden und mit Karottenraspeln vermischen. Für das Dressing Essig mit 50 ml Brühe und Petersilie verrühren, mit Salz und Pfeffer abschmecken und über den Salat geben.

2. Für die Sauce Margarine in einem Topf schmelzen und Mehl darin hellgelb anschwitzen. Mehlschwitze unter Rühren mit restlicher Brühe und Milch ablöschen. Senf einrühren, mit Salz, Pfeffer und Zucker würzen und aufkochen. Eier und Kartoffeln abgießen. Eier pellen, halbieren und mit Kartoffeln, Senfsauce und Salat servieren.

 pro Person 10 ProPoints Wert | 1762 kJ / 422 kcal

Ratatouille mit Schafskäse

Fertig in: 20 Minuten
Davon aktiv: 10 Minuten

Für 4 Personen:
1 EL Pflanzenöl
1 Knoblauchzehe
800 g italienische Gemüsemischung (TK)
400 g stückige Tomaten (Konserve)
200 g trockener Couscous
250 ml heiße Gemüsebrühe
(1 TL Instantpulver)
Salz
Pfeffer
3 TL gehackte italienische Kräuter
einige Tropfen Tabasco
200 g Schafskäse light

1. Öl in einer großen Pfanne erhitzen. Knoblauch hineinpressen und Gemüsemischung darin ca. 5 Minuten anbraten. Mit stückigen Tomaten ablöschen und ca. 10 Minuten einkochen lassen.

2. Couscous ca. 5 Minuten in Brühe quellen lassen und unter das Ratatouille heben. Mit Salz, Pfeffer, italienischen Kräutern und Tabasco würzen. Schafskäse in Würfel schneiden. Ratatouille mit Schafskäsewürfeln bestreut servieren.

 pro Person 8 ProPoints Wert | 1621 kJ / 388 kcal

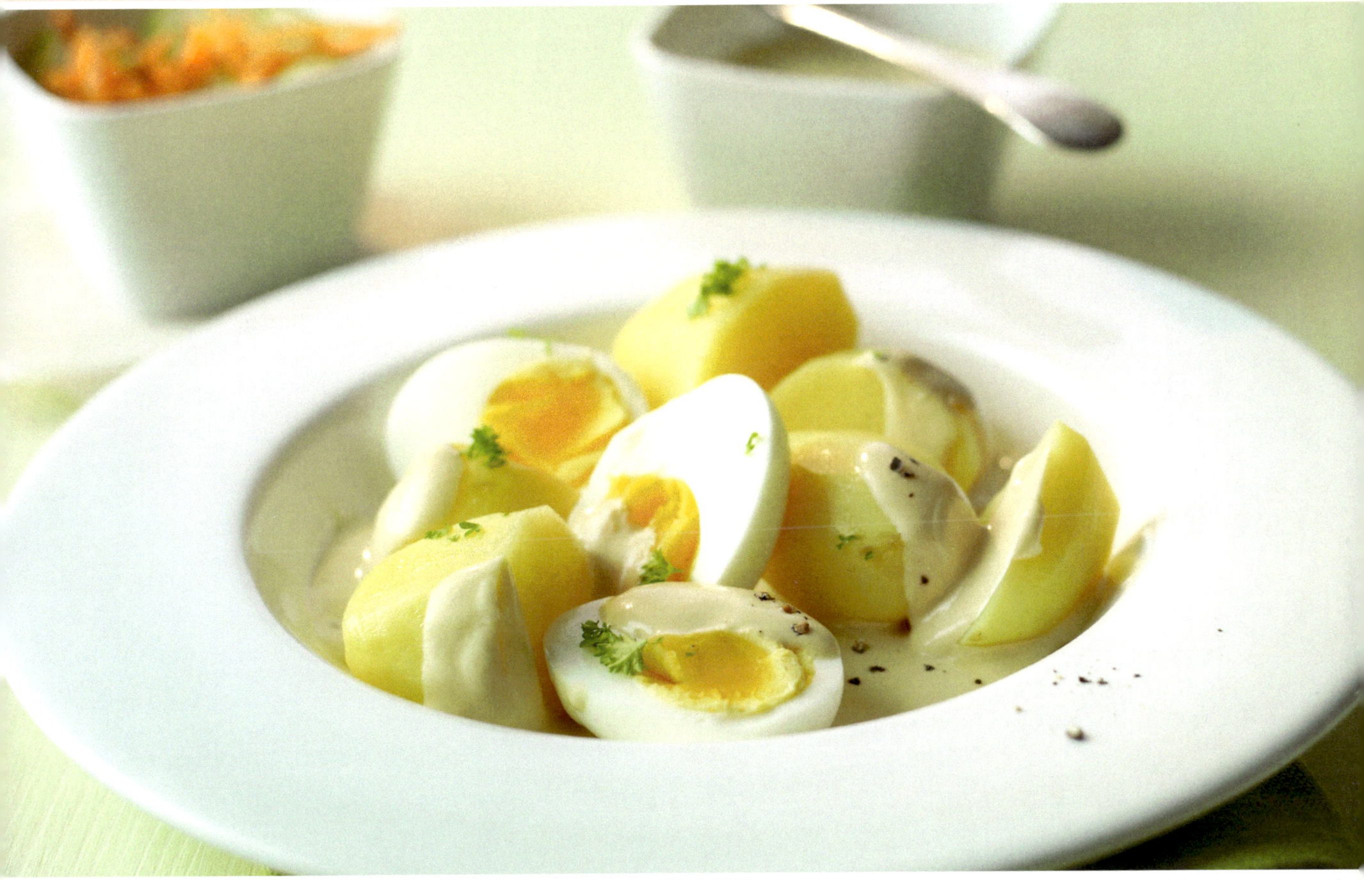

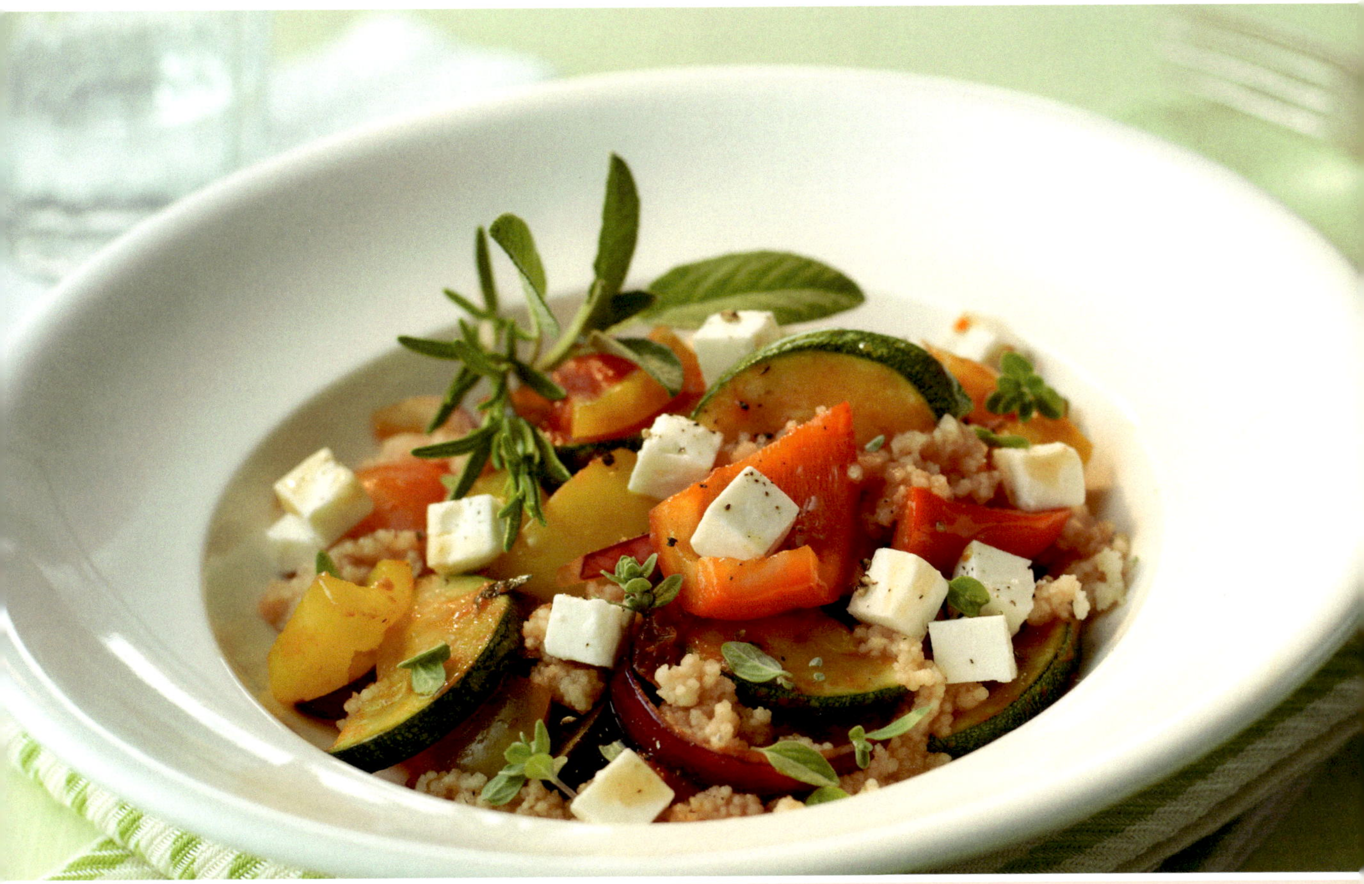

Pfannkuchen mit Champignon-Lauch-Füllung

Fertig in: 25 Minuten
Davon aktiv: 10 Minuten

Für 1 Person:
100 g Champignons
1 kleine Stange Lauch
2 TL Pflanzenöl
3 EL Mehl
40 ml Gemüsebrühe
(2 Prisen Instantpulver)
1 EL Cremefine zum Kochen, 7 % Fett
1/2 TL gehackter Estragon
Salz
Pfeffer
1/2 TL Paprikapulver
1 Ei
100 ml entrahmte Milch

1. Champignons trocken abreiben und halbieren. Lauch waschen und in Ringe schneiden. 1 Teelöffel Öl in einer Pfanne erhitzen, Champignonhälften und Lauchringe darin ca. 5 Minuten anbraten und mit 1/2 Teelöffel Mehl bestäuben. Kurz anschwitzen und mit Brühe und Cremefine ablöschen.

2. Estragon unterrühren und mit Salz, Pfeffer und Paprikapulver würzen. Restliches Mehl mit Ei, Milch und 1 Prise Salz verquirlen. Restliches Öl in einer Pfanne erhitzen und darin einen Pfannkuchen abbacken, dabei von jeder Seite ca. 5 Minuten braten. Pfannkuchen mit Champignon-Lauch-Füllung servieren.

pro Person
8 ProPoints Wert | 2083 kJ
498 kcal

Probieren Sie ...

... den Pfannkuchen doch mal mit 60 g krümelig angebratenem Tatar. Der *ProPoints*® Wert pro Person erhöht sich auf 10.

Flammkuchen mit Schinken

Fertig in: 30 Minuten
Davon aktiv: 10 Minuten

Für 12 Stücke:
1 Gemüsezwiebel
2 TL Pflanzenöl
1 Packung Pizzateig
(Kühltheke, 450 g)
300 g Frischkäse, bis 1 % Fett absolut
6 EL Crème légère
Salz
Pfeffer
1 Prise geriebene Muskatnuss
150 g magere Schinkenwürfel

1. Backofen auf 220° C (Gas: Stufe 4, Umluft: 200° C) vorheizen. Zwiebel schälen und würfeln. Öl in einer Pfanne erhitzen und Zwiebelwürfel darin ca. 2–3 Minuten braten. Teig auf einem mit Backpapier ausgelegten Backblech dünn ausrollen. Frischkäse und Crème légère verrühren. Creme mit Salz, Pfeffer und Muskatnuss würzen und den Teig damit bestreichen.

2. Zwiebel- und Schinkenwürfel auf dem Teig verteilen. Im Backofen auf mittlerer Schiene ca. 20 Minuten backen. Flammkuchen in 12 Stücke schneiden und servieren.

pro Stück
655 kJ
157 kcal

Frieren Sie die Stücke einzeln ein, ...
... so haben Sie auch ein leckeres Essen fürs Büro.

Farfalle mit Gemüse-Frischkäse-Sauce

Fertig in: 20 Minuten
Davon aktiv: 10 Minuten

Für 4 Personen:
250 g trockene Farfalle
Salz
4 Frühlingszwiebeln
1 EL Pflanzenöl
600 g Kaisergemüse (TK)
200 g Frischkäse, bis 1 % Fett absolut
200 ml fettarme Milch
1 TL gehackter Thymian
Pfeffer
2 EL geriebener Parmesan

1. Nudeln nach Packungsanweisung in Salzwasser garen. Frühlingszwiebeln waschen und in Ringe schneiden. Öl in einer Pfanne erhitzen und Kaisergemüse mit Frühlingszwiebelringen darin ca. 10 Minuten braten.

2. Frischkäse mit Milch und Thymian verrühren, zum Gemüse geben, kurz erwärmen und mit Salz und Pfeffer abschmecken. Nudeln abgießen und mit Gemüse-Frischkäse-Sauce und Parmesan bestreut servieren.

pro Person
9 ProPoints Wert
1594 kJ
381 kcal

Quarkpfannkuchen mit Früchten

Fertig in: 30 Minuten
Davon aktiv: 15 Minuten

Für 2 Personen:
125 g Magerquark
3 EL Mehl
1 Ei
1 Prise Salz
1 EL Zucker
80 ml fettarme Milch
1 Pfirsich
125 g Himbeeren
2 TL Pflanzenöl
1 EL Mandelblättchen

1389 kJ
332 kcal

1. Quark, Mehl, Ei, Salz, Zucker und Milch verrühren und zugedeckt ca. 5 Minuten quellen lassen.

2. Pfirsich waschen, mit heißem Wasser überbrühen, häuten, halbieren, Stein entfernen und Pfirsich in Spalten schneiden. Himbeeren waschen und trocken tupfen.

3. Öl portionsweise in einer Pfanne erhitzen, darin 2 Pfannkuchen ca. 2–4 Minuten von jeder Seite abbacken und im Backofen bei 60° C warm stellen. Pfannkuchen mit den Früchten belegen und mit Mandelblättchen bestreut servieren.

Tatar mit grünen Bohnen

Fertig in: 30 Minuten
Davon aktiv: 10 Minuten

Für 1 Person:
200 g grüne Bohnen
200 g festkochende Kartoffeln
Salz
1 kleine Zwiebel
1 TL Olivenöl
100 g Tatar
50 ml Gemüsebrühe
(2 Prisen Instantpulver)
1 EL Frischkäse, bis 1 % Fett absolut
Pfeffer
1/2 TL gehacktes Bohnenkraut

1. Bohnen waschen. Kartoffeln schälen und würfeln. Bohnen und Kartoffelwürfel in Salzwasser ca. 15 Minuten vorgaren und abgießen.

2. Zwiebel schälen und würfeln. Öl in einer Pfanne erhitzen und Tatar darin krümelig anbraten. Bohnen, Zwiebel- und Kartoffelwürfel zugeben und ca. 5 Minuten mitbraten.

3. Mit Gemüsebrühe ablöschen, mit Frischkäse verfeinern und mit Salz, Pfeffer und Bohnenkraut würzen. Tatar mit grünen Bohnen servieren.

pro Person
1561 kJ
374 kcal

Zander mit Kartoffel-Rucola-Stampf

Fertig in: 40 Minuten
Davon aktiv: 20 Minuten

Für 4 Personen:
1 kg mehligkochende Kartoffeln
Salz
800 g Prinzessbohnen (TK)
50 g Rucola
4 Zanderfilets (à 125 g)
1 Zwiebel
3 TL Pflanzenöl
Pfeffer
1 TL gehackter Thymian
75 g saure Sahne
1 Prise geriebene Muskatnuss
einige Tropfen Zitronensaft

 pro Person · 1573 kJ
376 kcal

1. Kartoffeln schälen, würfeln und in Salzwasser ca. 20 Minuten garen. Bohnen in kochendem Wasser ca. 5 Minuten garen. Rucola waschen, trocken schleudern und grob hacken. Zanderfilets abspülen und trocken tupfen.

2. Bohnen abgießen und gut abtropfen lassen. Zwiebel schälen und würfeln. 1 Teelöffel Öl in einem Topf erhitzen und Zwiebelwürfel darin glasig dünsten. Bohnen zugeben und darin schwenken. Mit Salz, Pfeffer und Thymian würzen. Restliches Öl in einer Pfanne erhitzen und Zanderfilets darin ca. 3–5 Minuten von jeder Seite braten. Mit Salz und Pfeffer würzen.

3. Kartoffelwürfel abgießen, kurz ausdampfen lassen und grob zerstampfen. Rucola und saure Sahne unterheben und mit Salz, Pfeffer und Muskatnuss abschmecken. Zander mit Zitronensaft beträufeln und mit Kartoffel-Rucola-Stampf und Bohnen servieren.

Schweinegeschnetzeltes mit Kräutergnocchi

Fertig in: 40 Minuten
Davon aktiv: 20 Minuten

Für 2 Personen:
1 Schalotte
500 g Champignons
240 g Schweineschnitzel
2 TL Pflanzenöl
75 ml Gemüsebrühe
(1/2 TL Instantpulver)
1 EL Zitronensaft
75 ml Cremefine zum Kochen, 7 % Fett
200 g Gnocchi (Frischprodukt)
Salz
2 EL italienische Kräuter (TK)
1 TL gehackter Thymian
1 TL heller Saucenbinder
Pfeffer

1. Schalotte schälen und würfeln. Champignons trocken abreiben und vierteln. Schnitzel trocken tupfen und in Streifen schneiden. Öl in einer Pfanne erhitzen und Schnitzelstreifen mit Schalottenwürfeln darin ca. 3–4 Minuten rundherum anbraten. Pilze dazugeben und weitere ca. 2–3 Minuten braten. Mit Brühe, Zitronensaft und Cremefine ablöschen und ca. 10 Minuten zugedeckt köcheln lassen.

2. Gnocchi nach Packungsanweisung in Salzwasser garen, mit einer Schaumkelle herausheben und mit 1 Esslöffel italienischen Kräutern vermischen. Geschnetzeltes mit Thymian verfeinern, Saucenbinder einrühren und kurz aufkochen. Mit Salz und Pfeffer abschmecken. Schweinegeschnetzeltes mit restlichen Kräutern bestreuen und mit Kräutergnocchi servieren.

pro Person
9 ProPoints Wert

1841 kJ
440 kcal

Pasta mit Räucherforelle

Fertig in: 20 Minuten
Davon aktiv: 15 Minuten

Für 2 Personen:
100 g trockene Penne
Salz
120 g geräuchertes Forellenfilet
3 Zucchini
1 Zwiebel
2 TL Pflanzenöl
4 EL Hüttenkäse, 20 % Fett i. Tr.
1 TL gehackter Dill
Pfeffer

pro Person
1753 kJ
419 kcal

1. Nudeln nach Packungsanweisung in Salzwasser garen. Forellenfilet in Stücke schneiden. Zucchini waschen und in Scheiben schneiden. Zwiebel schälen und in Würfel schneiden. Öl in einer Pfanne erhitzen und Zucchinischeiben mit Zwiebelwürfeln darin kurz anbraten.

2. Nudeln abgießen und dabei das Nudelwasser auffangen. Nudeln zur Gemüsepfanne geben und mit 75 ml Nudelwasser ablöschen. Forellenfiletstücke, Hüttenkäse und Dill untermischen. Pasta mit Salz und Pfeffer abschmecken und servieren.

Gemüsereis mit Schafskäse

Fertig in: 20 Minuten
Davon aktiv: 15 Minuten

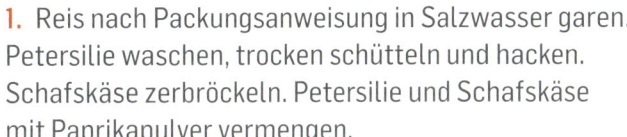

Für 2 Personen:
1 Beutel trockener Minutenreis
(125 g)
Salz
2 Stiele glatte Petersilie
50 g Schafskäse light
1/4 TL Paprikapulver
1 Zwiebel
250 g Zucchini
200 g Karotten
1 TL Olivenöl
150 g Erbsen (TK)
50 ml Gemüsebrühe
(2 Prisen Instantpulver)
Pfeffer
1 TL getrockneter Thymian

1. Reis nach Packungsanweisung in Salzwasser garen. Petersilie waschen, trocken schütteln und hacken. Schafskäse zerbröckeln. Petersilie und Schafskäse mit Paprikapulver vermengen.

2. Zwiebel schälen und würfeln. Zucchini waschen, Karotten schälen und beides grob raspeln. Öl in einer Pfanne erhitzen, Karotten-, Zucchiniraspel, Zwiebelwürfel und Erbsen darin ca. 3 Minuten garen. Mit Brühe ablöschen und kurz aufkochen.

3. Reis zum Gemüse geben und gut vermengen. Reispfanne mit Salz, Pfeffer und Thymian würzen und mit Schafskäse bestreut servieren.

pro Person
9 ProPoints Wert | 1633 kJ
391 kcal

Schweinefilet mit Spinat

Fertig in: 30 Minuten
Davon aktiv: 15 Minuten

Für 1 Person:
60 g trockene Reisnudeln
Salz
1 Schalotte
1 kleine rote Chilischote
200 g Babyspinat (ersatzweise TK)
120 g Schweinefilet
1 TL Pflanzenöl
Pfeffer
2 EL Sojasauce
1 EL Limettensaft

1870 kJ
447 kcal

1. Nudeln nach Packungsanweisung in Salzwasser garen. Schalotte schälen und in Würfel schneiden. Chilischote waschen, entkernen und in Ringe schneiden.

2. Spinat waschen und leicht trocken schleudern, gefrorenen Spinat gegebenenfalls auftauen lassen. Schweinefilet trocken tupfen und in Streifen schneiden. Öl in einer Pfanne erhitzen, Schweinefiletstreifen darin ca. 3–5 Minuten rundherum braten, mit Salz und Pfeffer würzen und herausnehmen.

3. Schalottenwürfel, Chiliringe und Spinat im Bratensatz ca. 5 Minuten dünsten. Nudeln abgießen und mit Filetstreifen zugeben. Mit Pfeffer, Sojasauce und Limettensaft verfeinern und servieren.

Reibekuchen mit Räucherlachs

Fertig in: 15 Minuten
Davon aktiv: 15 Minuten

Für 2 Personen:
1 EL Pflanzenöl
4 Reibekuchen (TK)
250 g Magerquark
1 EL Tafelmeerrettich
2 EL Schnittlauchringe
Salz
Pfeffer
2 Scheiben Räucherlachs (ca. 50 g)
200 g fettarmer Joghurt
1/2 Beutel Fix für Salatsauce
100 g Salatmischung (Kühltheke)

1. Öl in einer Pfanne erhitzen und Reibekuchen darin von jeder Seite ca. 3–5 Minuten braten. Quark mit Meerrettich und Schnittlauchringen verrühren. Mit Salz und Pfeffer abschmecken und auf den Reibekuchen verteilen. Räucherlachsscheiben in Streifen schneiden und auf der Quarkcreme anrichten.

2. Joghurt mit Salatfix verrühren und mit Salz und Pfeffer abschmecken. Salal waschen, trocken schleudern, mit Joghurtdressing vermischen und zu den Reibekuchen mit Räucherlachs servieren.

pro Person
11 ProPoints Wert
1965 kJ
470 kcal

Für die Kinder ...

... servieren Sie nur die Reibekuchen mit 6 EL Apfelmus. Der *ProPoints*® Wert pro Person reduziert sich auf 7.

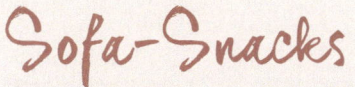

Sofa-Snacks

Ein kleiner Snack auf dem Sofa – wer kann da schon widerstehen?
Kleine Spieße, pfiffige Türmchen oder ein traumhafter Joghurt aus
dem Glas – ob süß oder salzig, hier findet sich für jede Gelegenheit der
passende Happen.

Garnelenspieße mit Joghurt-Dip

Fertig in: 35 Minuten
Davon aktiv: 15 Minuten

Für 2 Personen:
100 g küchenfertige Garnelen
2 EL Sojasauce
2 EL Limettensaft
1 rote Paprika
150 g fettarmer Joghurt
1 TL Schnittlauchringe
Salz
Pfeffer
2 TL Pflanzenöl

 753 kJ
180 kcal

1. Garnelen abspülen und trocken tupfen. Sojasauce mit 1 Esslöffel Limettensaft mischen, mit Garnelen in einen Gefrierbeutel geben und im Kühlschrank ca. 15 Minuten marinieren. Paprika waschen, entkernen und in Stücke schneiden. Für den Dip Joghurt mit restlichem Limettensaft und Schnittlauchringen verrühren und mit Salz und Pfeffer abschmecken.

2. Garnelen und Paprikastücke im Wechsel auf 4 Holzspieße stecken. Öl in einer Pfanne erhitzen, Spieße darin ca. 5 Minuten rundherum braten und mit Salz und Pfeffer würzen. Garnelenspieße mit Joghurtdip servieren.

Für einen asiatischen Dip …

… verrühren Sie den Joghurt mit 3 EL süßsaurer Sauce und 1 TL gehacktem Koriander. Der *ProPoints*® Wert pro Person erhöht sich auf 4.

Apfel-Ingwer-Kompott mit Zimtjoghurt

Fertig in: 20 Minuten
Davon aktiv: 15 Minuten

Für 4 Personen:
1 kg mürbe Äpfel (z. B. Boskop)
2 Zitronen
1 Stück Ingwer (ca. 1 cm)
100 ml Wasser
250 g fettarmer Joghurt
1 TL Ahornsirup
2 Prisen Zimtpulver
1 Prise Kurkuma

pro Person

762 kJ
182 kcal

1. Äpfel vierteln, entkernen, schälen und in Stücke schneiden. Zitronen auspressen. Ingwer schälen und fein hacken. Apfelstücke in einem Topf mit Wasser, Zitronensaft und Ingwer ca. 10 –15 Minuten zugedeckt dünsten, dabei regelmäßig umrühren.

2. Joghurt mit Ahornsirup, 1 Prise Zimtpulver und Kurkuma verfeinern. Apfel-Ingwer-Kompott in 4 hohe Gläser verteilen. Zimtjoghurt daraufgeben und mit restlichem Zimtpulver und nach Wunsch mit Minze garniert servieren.

Rettich-Lachs-Türmchen

Fertig in: 20 Minuten
Davon aktiv: 20 Minuten

Für 2 Personen:
1 TL Dijonsenf
1 TL Pflanzenöl
1 TL Honig
1 TL Apfelsaft
1/4 TL gehackter Dill
Salz
Pfeffer
100 g Graved Lachs in Scheiben
10 Perlzwiebeln (Glas)
1/2 TL eingelegter grüner Pfeffer
150 g Rettich

1. Senf, Öl, Honig, Apfelsaft und Dill verrühren und mit Salz und Pfeffer abschmecken. Lachs fein würfeln. Perlzwiebeln und grüne Pfefferkörner hacken. Lachswürfel, Perlzwiebeln und grünen Pfeffer verrühren. Rettich schälen und in dünne Scheiben schneiden bzw. hobeln.

2. Die Hälfte der Rettichscheiben in 4 Portionen auf einer kleinen Platte verteilen. Je ca. 1 Teelöffel Lachsmasse daraufgeben, mit restlichen Rettichscheiben belegen. Restliches Lachstatar darauf verteilen. Senf-Dill-Sauce darüberträufeln und servieren.

pro Person
 692 kJ
165 kcal

Gemüsesticks mit Hummus

Fertig in: 20 Minuten
Davon aktiv: 20 Minuten

Für 4 Personen:
1 Dose Kichererbsen
(240 g Abtropfgewicht)
150 g fettarmer Joghurt
Salz
Pfeffer
Kreuzkümmel
Paprikapulver
1 Bund Radieschen
4 Karotten
1/2 Salatgurke
4 Stangen Bleichsellerie

1. Kichererbsen abspülen, gut abtropfen lassen und pürieren. Joghurt unterrühren. Kräftig mit Salz, Pfeffer, Kreuzkümmel und Paprikapulver abschmecken.

2. Radieschen waschen. Karotten und Gurke schälen und in breite Stifte schneiden. Sellerie waschen und klein schneiden. Gemüsesticks mit Hummus servieren.

pro Person
 611 kJ
146 kcal

Chips mit Jalapeñoringen

Fertig in: 15 Minuten
Davon aktiv: 15 Minuten

Für 2 Personen:
60 g Crème légère mit Kräutern
100 g Kräuterfrischkäse,
bis 1 % Fett absolut
Salz
Pfeffer
45 g fettreduzierte Paprikachips
2 EL eingelegte Jalapeñoringe,
ohne Öl
40 g geriebener Gouda, 30 % Fett i. Tr.
150 g Salatmischung (Kühltheke)
150 g fettarmer Joghurt
1 EL Jalapeñosud
1 TL gehackte Petersilie

1. Backofen auf 220° C (Gas: Stufe 4, Umluft: 200° C) vorheizen. Crème légère mit Frischkäse verrühren, salzen und pfeffern. Chips in eine Auflaufform (ca. 20 x 20 cm) geben und Kräutercreme unterheben. Jalapeñoringe darauf verteilen und mit Käse bestreuen. Im Backofen auf mittlerer Schiene ca. 10 Minuten überbacken.

2. Salat waschen und trocken schleudern. Joghurt mit Jalapeñosud verrühren, salzen und pfeffern. Dressing über den Salat geben. Chips mit Petersilie bestreuen und mit Salat sofort servieren.

pro Person
8 ProPoints Wert

1274 kJ
305 kcal

Mini-Wrap-Spieße mit Tunfisch und Geflügel

Fertig in: 30 Minuten
Davon aktiv: 30 Minuten

Für 16 Stück:
einige Blätter Rucola
einige Blätter Eisbergsalat
5 Cocktailtomaten
2 Frühlingszwiebeln
1 rote Paprika
4 Tortillafladen
100 g Kräuterfrischkäse,
bis 1 % Fett absolut
3 EL Tunfisch im eigenen Saft
(Konserve)
50 g fettarmer Joghurt
2 EL Salatcreme, bis 20 % Fett
Salz
Pfeffer
1/2 TL Currypulver
100 g Geflügelbrustaufschnitt

pro Stück
1 ProPoints Wert | 246 kJ
59 kcal

1. Rucola und Eisbergsalat waschen und trocken schleudern. Tomaten, Frühlingszwiebeln und Paprika waschen. Tomaten halbieren, Frühlingszwiebeln in Ringe schneiden, Paprika entkernen und in Streifen schneiden.

2. Tortillafladen nach Packungsanweisung erwärmen. Für die Tunfischwraps 2 Tortillafladen mit Kräuterfrischkäse bestreichen und mit Rucola, Tomatenhälften und Tunfisch belegen.

3. Für die Geflügelwraps Joghurt mit Salatcreme verrühren und mit Salz, Pfeffer und Currypulver würzen. Restliche Tortillafladen damit bestreichen und mit Geflügelbrustaufschnitt, Paprikastreifen, Frühlingszwiebelringen und Eisbergsalat belegen.

4. Wraps fest aufrollen und mit einem Messer in je 4 Stücke schneiden. Die Mini-Wraps mit je einem kleinen Holzspieß fixieren, auf einer Servierplatte anrichten und servieren.

Calamarispieße mit Salsa

Fertig in: 25 Minuten
Davon aktiv: 10 Minuten

Für 2 Personen:
350 g Calamarituben (ersatzweise TK)
1 Schalotte
1 Gewürzgurke
1/2 Bund Petersilie
1 TL Weißweinessig
2 EL Gemüsebrühe
(1 Prise Instantpulver)
2 TL Olivenöl
Salz
Pfeffer
1/2 unbehandelte Limette
Chilipulver

pro Person
5 ProPoints Wert | 797 kJ
191 kcal

1. Calamarituben gegebenenfalls auftauen lassen. Schalotte schälen und mit Gurke fein würfeln. Petersilie waschen, trocken schütteln und hacken. Essig, Brühe und 1 Teelöffel Öl verquirlen, mit Salz und Pfeffer würzen. Petersilie, Schalotten- und Gurkenwürfel zugeben.

2. Calamarituben abspülen und trocken tupfen. Von außen mehrmals mit einem scharfen Messer einritzen und in große Stücke schneiden. Stücke auf 8 Schaschlikspieße stecken. Limettenschale abreiben. Spieße mit Chilipulver, Limettenschale und Salz würzen. Restliches Öl in einer Pfanne erhitzen. Spieße darin unter Wenden ca. 5 Minuten rundherum braten. Calamarispieße mit Petersiliensalsa servieren.

Kasseler-Salat-Röllchen

Fertig in: 10 Minuten
Davon aktiv: 10 Minuten

Für 2 Personen:
80 g Frischkäse, bis 5 % Fett absolut
2 EL Röstzwiebeln
Pfeffer
6 große Blätter Salat (z. B. Kopfsalat)
6 Scheiben Kasseler Aufschnitt
6 Cornichons (Glas)

pro Person
5 ProPoints Wert | 700 kJ
168 kcal

1. Frischkäse und Röstzwiebeln verrühren, mit Pfeffer würzen. Salatblätter waschen, trocken schleudern und jeweils mit etwas Frischkäsecreme bestreichen. Je 1 Scheibe Kasseler Aufschnitt darauflegen.

2. Cornichons abtropfen lassen und je 1 auf die Mitte der Kasselerscheiben legen. Salatblätter an den Seiten etwas zur Mitte hin umklappen, fest zu Röllchen aufrollen und servieren.

Reispapierrollen mit Garnelen

Fertig in: 30 Minuten
Davon aktiv: 20 Minuten

Für 4 Personen:
100 g gegarte, küchenfertige Garnelen (TK)
8 Blätter Reispapier (Ø 22 cm)
250 g Karotten
3 Frühlingszwiebeln
60 g Mungobohnensprossen
2 TL Pflanzenöl
3 EL Sojasauce
Salz
Pfeffer
4 Stiele Koriander
4 EL süßsaure Sauce

571 kJ
137 kcal

1. Garnelen antauen lassen. Reispapierblätter unter fließendem Wasser gut anfeuchten und nebeneinander auf zwei nasse Geschirrtücher legen.

2. Karotten schälen und in dünne Streifen schneiden. Frühlingszwiebeln waschen und in feine Ringe schneiden. Sprossen waschen und gut abtropfen lassen. Öl in einer Pfanne erhitzen. Karottenstreifen, Frühlingszwiebelringe und Sprossen darin ca. 3–5 Minuten unter Wenden braten.

3. Angetaute Garnelen abspülen, trocken tupfen, zum Gemüse geben und kurz mitbraten. Sojasauce angießen, aufkochen und verdampfen lassen, mit Salz und Pfeffer abschmecken. Koriander waschen, trocken schütteln, Blätter abzupfen und dazugeben.

4. Gemüse-Garnelen-Mischung auf die Mitte der Reispapierblätter verteilen. Zunächst zwei gegenüberliegende Seiten über die Füllung klappen, dann von der anderen Seite her fest aufrollen. Reispapierrollen mit süßsaurer Sauce servieren.

Pikante Gurkenhappen

Fertig in: 15 Minuten
Davon aktiv: 15 Minuten

Für 4 Personen:
1 Salatgurke
1/2 Bund Basilikum
200 g Frischkäse, bis 1 % Fett absolut
2 EL Paprikamark
(ersatzweise Tomatenmark)
2 EL gehackter Dill
Salz
grob gemahlener Pfeffer

pro Person
1 ProPoints Wert | 258 kJ
62 kcal

1. Gurke waschen und in dicke Scheiben schneiden. Basilikum waschen, trocken schütteln und Blätter abzupfen.

2. Frischkäse mit Paprikamark und Dill verrühren, mit Salz und Pfeffer abschmecken. Frischkäsecreme auf Gurkenscheiben streichen und mit Basilikumblättern garniert servieren.

Gefüllte Gurken mit Surimi

Fertig in: 15 Minuten
Davon aktiv: 15 Minuten

Für 2 Personen:
1 Salatgurke
80 g Surimi (Krebsfleischersatz)
80 g Cantaloupemelone
1–2 Stiele Dill
50 g Frischkäse, bis 16 % Fett absolut
75 g Magermilchjoghurt
Salz
Pfeffer

pro Person
3 ProPoints Wert | 587 kJ
141 kcal

1. Gurke waschen, längs halbieren, Kerne mit einem Löffel herauslösen und Hälften in je 4 Stücke teilen.

2. Surimi und Melone klein schneiden. Dill waschen, trocken schütteln und hacken. Mit Frischkäse und Joghurt verrühren. Surimi und Melonenstücke unterheben, mit Salz und Pfeffer abschmecken. Gurkenstücke mit Surimisalat füllen und servieren.

Vanillejoghurt mit Pflaumenkompott

Fertig in: 20 Minuten
Davon aktiv: 15 Minuten

Für 4 Personen:
600 g reife Pflaumen
6 EL Wasser
1 Vanilleschote
500 g Magermilchjoghurt
1 TL Ahornsirup
einige Tropfen flüssiger Süßstoff

pro Person | 560 kJ
| 134 kcal

1. Pflaumen waschen, halbieren, die Steine entfernen und Pflaumen in Stücke schneiden. Pflaumenstücke in einer Pfanne mit Wasser ca. 3–5 Minuten garen.

2. Vanilleschote längs halbieren und Mark herauskratzen. Joghurt mit Vanillemark und Ahornsirup verrühren. Pflaumenkompott mit Süßstoff verfeinern und mit Vanillejoghurt servieren.

Gefüllte Geflügelbruströllchen

Fertig in: 15 Minuten
Davon aktiv: 15 Minuten

Für 4 Personen:
1/2 Bund Schnittlauch
4 rote Paprika
1 EL heller Balsamicoessig
50 ml Gemüsebrühe
(2 Prisen Instantpulver)
1 TL Feigensenf
Salz
Pfeffer
12 Scheiben Geflügelbrustaufschnitt

pro Person | 501 kJ
| 120 kcal

1. Schnittlauch waschen und trocken schütteln. Paprika waschen, entkernen und in dünne Streifen schneiden. Essig mit Brühe und Senf verrühren, mit Salz und Pfeffer würzen.

2. Geflügelbrustscheiben mit Schnittlauchstängeln und einigen Paprikastreifen belegen. Zu Röllchen aufrollen und mit Schnittlauchstängeln zusammenbinden. Dressing über die Geflügelbruströllchen träufeln und mit restlichen Paprikastreifen servieren.

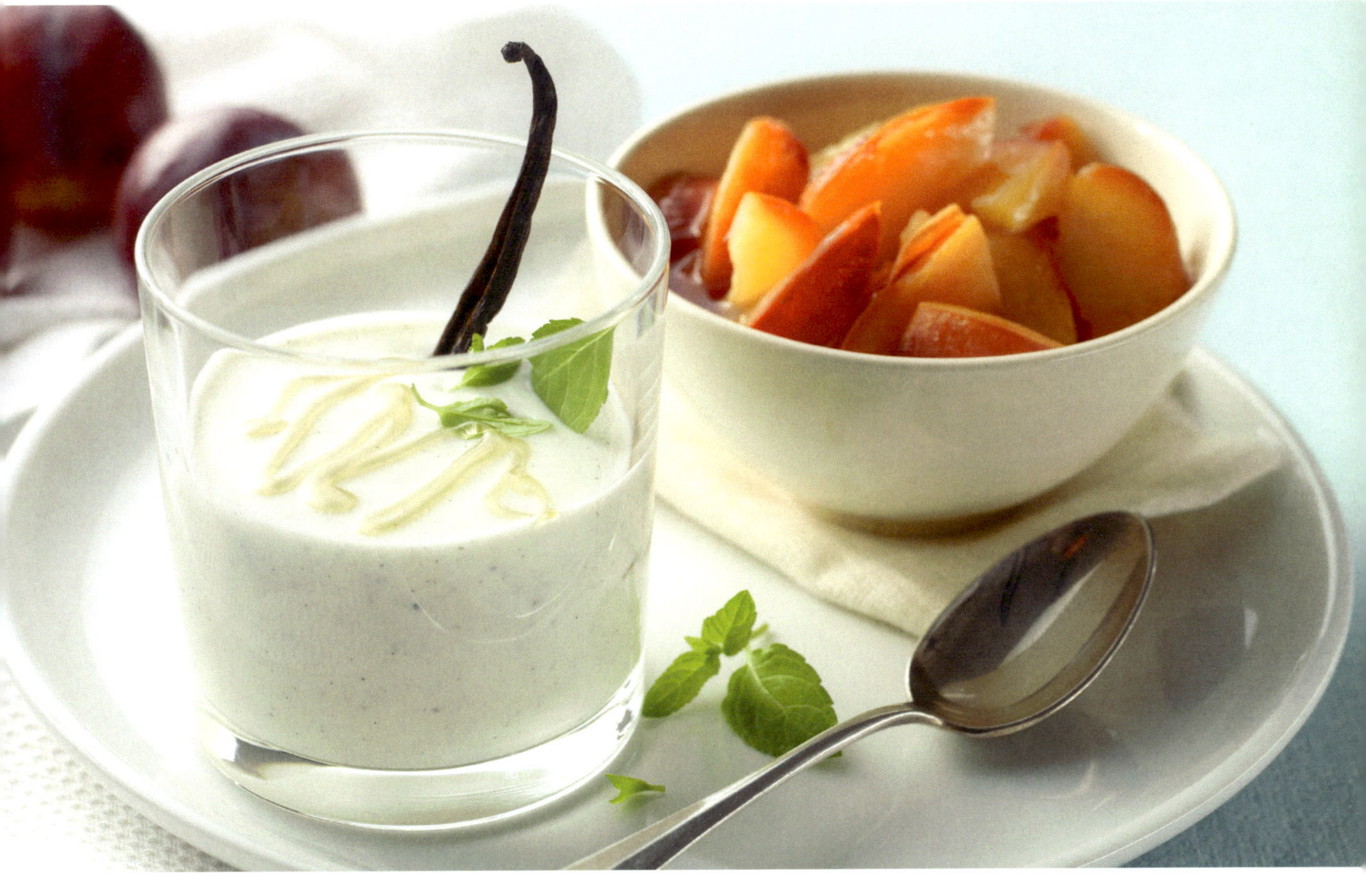

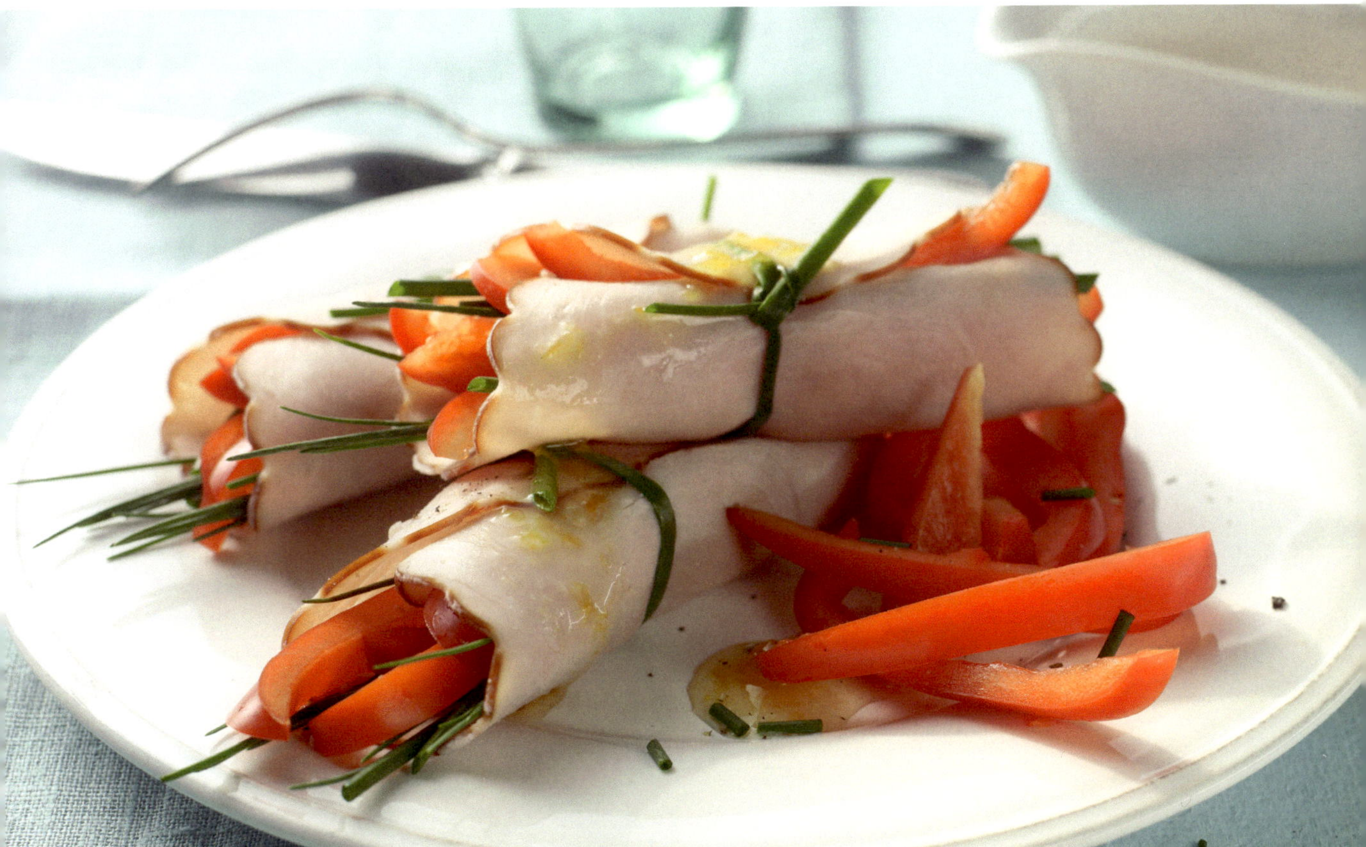

Kartoffelcreme mit Schnittlauch

Fertig in: 25 Minuten
Davon aktiv: 10 Minuten

Für 2 Personen:
150 g mehligkochende Kartoffeln
Salz
3 EL Magerquark
50 ml Gemüsebrühe
(2 Prisen Instantpulver)
2 EL Schnittlauchringe
Pfeffer
1 Msp. Paprikapulver
1 Kohlrabi
1 Glas Maiskölbchen
(110 g Abtropfgewicht)

pro Person
639 kJ
153 kcal

1. Kartoffeln schälen, würfeln und in Salzwasser ca. 12 Minuten garen. Kartoffelwürfel abgießen und pürieren. Quark, Brühe und Schnittlauchringe unterrühren. Creme mit Salz, Pfeffer und Paprikapulver abschmecken.

2. Kohlrabi schälen und in Stifte schneiden. Maiskölbchen abtropfen lassen. Kartoffelcreme mit Rohkost servieren.

Avocadodip mit Knäckebrot

Fertig in: 15 Minuten
Davon aktiv: 15 Minuten

Für 4 Personen:
200 g Avocado
1 Knoblauchzehe
100 g Magermilchjoghurt
1 EL Zitronensaft
1 kleine rote Paprika
Chilipulver
Salz
8 Scheiben Vollkornknäckebrot

pro Person
848 kJ
203 kcal

1. Avocado halbieren, Stein entfernen und Fruchtfleisch aus der Schale lösen. Knoblauch pressen und mit Avocadofruchtfleisch fein pürieren. Joghurt und Zitronensaft unterrühren.

2. Paprika waschen, entkernen und in sehr kleine Würfel schneiden. Zur Avocadocreme geben und mit Chilipulver und Salz würzen. Avocadodip mit Knäckebrot servieren.

Fruchtsalat mit Aprikosen-Quark-Creme

Fertig in: 25 Minuten
Davon aktiv: 25 Minuten

Für 4 Personen:
500 g Erdbeeren
1/2 Galia- oder Honigmelone
2 Kiwis
1 Orange
2 TL Ahornsirup
100 g getrocknete Soft-Aprikosen
1 Vanilleschote
250 g Magerquark
3 EL Mineralwasser
1 EL gehackte Pistazien

984 kJ
235 kcal

1. Erdbeeren waschen, trocken tupfen und je nach Größe halbieren oder vierteln. Melonenkerne mit einem Löffel entfernen und Fruchtfleisch mit einem Kugelausstecher herauslösen. Kiwis schälen, längs halbieren und in Scheiben schneiden. Orange auspressen. Erdbeerstücke, Melonenkugeln und Kiwischeiben mit der Hälfte Orangensaft und dem Ahornsirup mischen.

2. Aprikosen mit restlichem Orangensaft pürieren. Vanilleschote längs aufschneiden und das Mark herauskratzen. Aprikosenmus mit Vanillemark und Quark verrühren. Mineralwasser unterrühren. Fruchtsalat mit Aprikosen-Quark-Creme anrichten und mit Pistazien bestreut servieren.

Schinken-Paprika-Muffins

Fertig in: 40 Minuten
Davon aktiv: 10 Minuten

Für 6 Stück:
1/2 rote Paprika
2 EL Magerquark
80 ml fettarme Milch
1 Ei
1 EL Olivenöl
Salz
Pfeffer
100 g Mehl
2 TL Backpulver
2 EL feine Haferflocken
1 TL italienische Kräuter
50 g magere Schinkenwürfel
3 EL geriebener Käse, 30 % Fett i. Tr.

1. Backofen auf 200° C (Gas: Stufe 3, Umluft: 180° C) vorheizen. Paprika waschen, entkernen und in feine Würfel schneiden. Quark mit Milch, Ei und 1 Teelöffel Öl verrühren und mit Salz und Pfeffer würzen. Mehl mit Backpulver, Haferflocken und Kräutern mischen und unter den Teig rühren. Schinken-, Paprikawürfel und Käse unterheben.

2. Mulden eines Muffinblechs mit restlichem Öl einfetten. Teig einfüllen und im Backofen auf mittlerer Schiene ca. 30 Minuten backen. Schinken-Paprika-Muffins leicht abkühlen lassen, nach Wunsch mit Oregano garniert servieren.

pro Stück | 606 kJ
145 kcal

Die restlichen Muffins ...

... können Sie einfrieren und nach Bedarf einzeln auftauen.

Vitaminsmoothie

Fertig in: 20 Minuten
Davon aktiv: 20 Minuten

Für 2 Personen:
1 Beutel Früchtetee
300 ml kochendes Wasser
3 würzige Äpfel (z. B. Boskop)
2 Karotten
1 Stück Ingwer (ca. 1/2 cm)
1/2 rote Chilischote
1/2 Zitrone
6 Eiswürfel

pro Person
0 ProPoints Wert | 734 kJ
176 kcal

1. Tee mit Wasser überbrühen und nach Packungsanweisung ziehen lassen. Tee abkühlen lassen. Äpfel, Karotten und Ingwer schälen. Äpfel vierteln und entkernen, mit Karotten und Ingwer klein schneiden. Chilischote waschen und entkernen. Zitronenhälfte auspressen.

2. Apfel- und Karottenstücke mit Ingwer und Chilischote mit Tee in einen Mixer geben und fein pürieren. Mit Zitronensaft abschmecken. Vitaminsmoothie in 2 Gläser füllen und mit Eiswürfeln servieren.

Fruchtspieße mit Orangen-Joghurt-Dip

Fertig in: 30 Minuten
Davon aktiv: 30 Minuten

Für 4 Personen:
1/2 Bund Minze
1 kleine Ananas
4 unbehandelte Orangen
8 Physalis
2 Karambole (Sternfrüchte)
500 g Magermilchjoghurt
1 TL Honig

pro Person
1 ProPoints Wert | 734 kJ
176 kcal

1. Minze waschen, trocken schütteln und hacken. Ananas schälen, vierteln, den Strunk entfernen und Ananas in große Würfel schneiden.

2. Orangenschale von 1/2 Orange abreiben und Orangenhälfte auspressen. Restliche Orangen schälen und in Stücke schneiden. Physalis und Karambole waschen und Karambole in Scheiben schneiden.

3. Obststücke auf Spieße stecken und mit gehackter Minze bestreuen. Joghurt mit 1/2 Teelöffel Orangenschale, Orangensaft und Honig verfeinern. Fruchtspieße mit Orangen-Joghurt-Dip servieren.

Kartoffel-Tomaten-Crostini

Fertig in: 40 Minuten
Davon aktiv: 15 Minuten

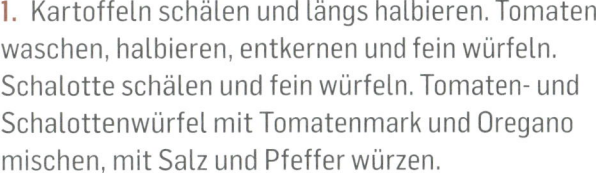

Für 4 Personen:

2 festkochende Kartoffeln (à 200 g)
4 Tomaten
1 Schalotte
1 EL Tomatenmark
1 TL gehackter Oregano
Salz
Pfeffer
1 TL Pflanzenöl
6 EL Wasser
1 TL dunkle Balsamicocreme

1. Kartoffeln schälen und längs halbieren. Tomaten waschen, halbieren, entkernen und fein würfeln. Schalotte schälen und fein würfeln. Tomaten- und Schalottenwürfel mit Tomatenmark und Oregano mischen, mit Salz und Pfeffer würzen.

2. Öl in einer Pfanne erhitzen, Kartoffelhälften salzen, pfeffern und darin ca. 15 Minuten braten, dabei mehrmals wenden. Wasser zufügen und zugedeckt weitere ca. 10 Minuten garen. Tomatenmasse auf Kartoffelhälften geben und mit Balsamicocreme beträufelt servieren.

pro Person | 465 kJ
2 ProPoints Wert | 111 kcal

Gelungener Neustart nach der Elternzeit

Als Kristin nach der Elternzeit wieder ins Büro kommt, sind die Kollegen baff: Die 29-Jährige ist so schlank wie nie. „Die Überraschung war wirklich gelungen", strahlt die zweifache Mutter aus Weimar – und erzählt uns beim Weight Watchers Fotoshooting ihre ganz persönliche Erfolgsgeschichte.

Es war ein Foto, das die Wahrheit ans Tageslicht brachte: per Selbstauslöser fotografiert – bei einem Radausflug mit ihrer Familie. Kristin ist junge Mutter eines Mädchens und eines Jungen.

„Ich hatte ein einfaches T-Shirt und eine Jeans an – und, wie ich zu meinem Entsetzen auf dem Foto gesehen habe, einen Rettungsring um den Bauch. Im Alltag habe ich mich so gar nicht wahrgenommen – und deshalb ist mein ultimativer Tipp für alle, die abnehmen wollen, sich Fotos von sich selbst anzuschauen. Denn Fotos können nicht lügen."

„Ich bin dann sofort ins Weight Watchers Treffen. Eine Freundin hatte gute Erfahrungen mit dem Programm gemacht, und ich selbst hatte viele Jahre zuvor schon einmal im Treffen abgenommen. Dabei war ich mit meiner Figur vor der Geburt der Kinder im Großen und Ganzen immer zufrieden. Zugenommen habe ich erst während der beiden Schwangerschaften. Schon nach der ersten Geburt hatte ich es versucht, aber ich habe nie etwas ernsthaft durchgezogen. Bei Weight Watchers muss ich mich natürlich auch einschränken, vor allem bei den Süßigkeiten, aber ich muss auf nichts komplett verzichten. Ich habe mein *ProPoints*® Budget gleichmäßig auf die drei Hauptmahlzeiten Frühstück, Mittag- und Abendessen aufgeteilt. Das hat mir geholfen, den Überblick zu behalten."

„Zur Unterstützung habe ich Sport gemacht – aber nur in Maßen: Mit einer Freundin habe ich über den Winter einen Bauch-Beine-Po-Kurs belegt, aber im Frühjahr möchte ich meine Zeit nicht in dunklen Trainingsräumen verbringen. Dann will ich raus. Deshalb habe ich vor allem auf viel Bewegung im Alltag gesetzt. Als ich noch in Elternzeit war, habe ich meine Große täglich zu Fuß aus dem Kindergarten abgeholt, der ist ungefähr zwei Kilometer von zu Hause entfernt. Auch auf der Arbeit verbringe ich meine Mittagspause immer draußen – bei Wind und Wetter. Wenn es regnet, spanne ich eben einen Schirm auf."

„Endlich fühle ich mich wieder wohl in meiner Haut und kann jede Mode mitmachen. Röcke trage ich endlich ohne Leggings darunter, und in meinem Kleiderschrank finden sich jetzt knallenge Jeans statt weit geschnittener Boot-Cut-Modelle. Die Verwandlung war wirklich so groß, dass die Kollegen mir an meinem ersten Arbeitstag nach der Elternzeit eines der schönsten Komplimente machten: ‚Als du durch die Tür kamst, haben wir gedacht, da kommt eine ganz neue Kollegin.' "

Wenn Sie wie Kristin durchstarten möchten, schauen Sie bei einem Weight Watchers Treffen in Ihrer Nähe vorbei.
www.weightwatchers.de/treffenfinden

www.weightwatchers.de/
monatspass

Fotograf: Tania Walck

„Meine Lieblingsrezepte aus diesem Kochbuch sind Wraps mit Putenstreifen (S. 11) und Rotbarsch mit gebratenem Fenchel (S. 51)."

Erbsen

Garnelenpfanne mit Reis	91
Gemüsereis mit Schafskäse	123

Fisch & Meerestiere

Brötchen mit Forellencreme	35
Calamarispieße mit Salsa	141
Garnelen-Kalbfleisch-Salat	56
Garnelenpfanne mit Reis	91
Garnelenspieße mit Joghurt-Dip	130
Gefüllte Gurken mit Surimi	145
Kabeljaufilet auf Gorgonzolaspinat	79
Mini-Wrap-Spieße mit Tunfisch und Geflügel	138
Pasta mit Räucherforelle	120
Reibekuchen mit Räucherlachs	127
Reispapierrollen mit Garnelen	142
Rettich-Lachs-Türmchen	134
Röstbrot mit Kräuterlachs	27
Rotbarsch mit gebratenem Fenchel	51
Salat mit Tunfisch und Wasabimayo	48
Seelachs auf Tomatensauce	100
Thailändischer Tintenfischsalat	48
Tramezzini mit Krabben	20
Zander mit Kartoffel-Rucola-Stampf	116

Frühlingszwiebeln

Asiasandwiches mit Shiitake	24
Estragon-Pilz-Rührei auf Toast	31
Farfalle mit Gemüse-Frischkäse-Sauce	111
Mini-Wrap-Spieße mit Tunfisch und Geflügel	138
Pfannkuchenrollen mit Schinken	99
Reispapierrollen mit Garnelen	142
Süßsaure Wokpfanne	63

Geflügel

Blitzente mit Wokgemüse	67
Caesar's Pita	12
Glasnudelsalat mit Hähnchen	76
Hähnchen in Erdnusssauce	92
Putenröllchen mit Rucolasalat	44
Westernblech mit Hähnchenbrust	84
Wraps mit Putenstreifen	11

Geflügelaufschnitt

Bagel mit Karottenfrischkäse	16
Gefüllte Geflügelbruströllchen	146
Kohlrabischichtsalat	47
Linsensalat mit Geflügelbrust	68
Mini-Wrap-Spieße mit Tunfisch und Geflügel	138
Puten-Mango-Sandwich	15
Vollkornbrötchen mit Gurkenaufstrich	36

Gurken

Gefüllte Gurken mit Surimi	145
Gemüsesticks mit Hummus	134
Kasselersemmel mit Gurkensalat	19
Pikante Gurkenhappen	145
Senfeier mit Salzkartoffeln	104
Tramezzini mit Krabben	20
Vollkornbrötchen mit Gurkenaufstrich	36

Hülsenfrüchte

Bruschetta mit Bohnenmus	32
Gemüsesticks mit Hummus	134
Lamm mit roten Linsen	55
Linsensalat mit Geflügelbrust	68
Minestrone mit Parmaschinken	64

Mozzarella

Italienischer Burger mit Rucola	8
Toast Caprese aus dem Ofen	28

Nudeln

Farfalle mit Gemüse-Frischkäse-Sauce	111
Gemüsegratin mit Rahmsauce	103
Glasnudelsalat mit Hähnchen	76
Linguine mit Honigtomaten	72
Nudelsalat mit Schinken und Ananas	95
Pasta mit Räucherforelle	120
Schupfnudeln mit Rosenkohl und Kasseler	87
Schweinefilet mit Spinat	124
Spirellipfanne mit Würstchen	84
Turbospaghetti mit Tofuwürstchen	100

Paprika

Garnelenspieße mit Joghurt-Dip	130
Gefüllte Geflügelbruströllchen	146
Hackbällchen auf Aprikosen	60
Mini-Wrap-Spieße mit Tunfisch und Geflügel	138
Nudelsalat mit Schinken und Ananas	95
Schinken-Paprika-Muffins	153
Westernblech mit Hähnchenbrust	84

Pilze

Asiasandwiches mit Shiitake	24
Estragon-Pilz-Rührei auf Toast	31
Pfannkuchen mit Champignon-Lauch-Füllung	107
Schweinegeschnetzeltes mit Kräutergnocchi	119

Radieschen

Gemüsesticks mit Hummus	134
Wraps mit Putenstreifen	11

Reis

Garnelenpfanne mit Reis	91
Gemüsereis mit Schafskäse	123
Hähnchen in Erdnusssauce	92
Kabeljaufilet auf Gorgonzolaspinat	79
Seelachs auf Tomatensauce	100

Rindfleisch & Tatar

Couscoussalat mit Steakstreifen	87
Hackbällchen auf Aprikosen	60
Italienischer Burger mit Rucola	8
Käsesteak mit Kaisergemüse	56
Lauch-Hack-Suppe	52
Steaksandwich mit Artischockencreme	16
Tatar mit grünen Bohnen	115

Rote Bete

Überbackene Rote Bete mit Salat	43

Rucola

Bulgursalat mit Rucola	80
Garnelen-Kalbfleisch-Salat	56
Italienischer Burger mit Rucola	8
Putenröllchen mit Rucolasalat	44
Zander mit Kartoffel-Rucola-Stampf	116

Salate / Beilagensalate

Schafskäse

Schinken & Kasseler

Schweinefleisch

Spinat

Tofu

Tomaten

Vegetarische Gerichte

Wraps

Ziegenkäse

Zucchini

Zuckererbsenschoten

Redaktion:
Weight Watchers
Claudia Braun, Claudia Thienel

Realisierung:
The Food Professionals Köhnen AG, Sprockhövel

Projektleitung:
Silke Höpker, Insa Weißpfennig

Rezepte:
Sonja Böttcher-Thielemann, Ingrid Schmand

Versuchsküche:
Dennis Webers, Alexandra Wittenstein

Fotografie:
Klaus Arras, Carsten Eichner, Dirk Przibylla, Stefan Schulte-Ladbeck,
Seiten 2, 3, 6, 38, 70, 128: Thinkstock

Foodstyling:
Katja Briol, Katrin Heinatz, Maren Jahnke, Stefan Mungenast, Christa Schraa

Gestaltungskonzept und Grafik:
The Food Professionals Köhnen AG, Sprockhövel
Sina Büchele, Petra Penker

Druck:
Paffrath Print & Medien GmbH, Remscheid

1. Auflage 2014
ISBN 978-3-9816174-2-9

Info-Hotline 01802-23 45 64* (Deutschland)
www.weightwatchers.de

*0,06 €/Anruf aus dem deutschen Festnetz. Mobilfunk höchstens 0,42 €/Minute.

PEFC zertifiziert
Dieses Papier stammt aus nachhaltig bewirtschafteten Wäldern
und kontrollierten Quellen.

www.pefc.de